大夏

大夏书系——教师专业发展

何以为师

21位名师的
教育之道

吴春来 ——————— 主编

华东师范大学出版社

·上海·

图书在版编目（CIP）数据

何以为师：21位名师的教育之道 / 吴春来主编 . 上海：华东师范大学出版社，2025.
— ISBN 978-7-5760-5861-1

I. G451.2

中国国家版本馆 CIP 数据核字第 20252Z9G26 号

大夏书系 | 教师专业发展

何以为师：21位名师的教育之道

主　　编	吴春来
执行主编	孙雪静
责任编辑	卢风保
责任校对	杨　坤
封面设计	奇文云海 · 设计顾问

出版发行	华东师范大学出版社
社　　址	上海市中山北路 3663 号　邮编 200062
网　　址	www.ecnupress.com.cn
电　　话	021-60821666　行政传真 021-62572105
客服电话	021-62865537
邮购电话	021-62869887
地　　址	上海市中山北路 3663 号华东师范大学校内先锋路口
网　　店	http://hdsdcbs.tmall.com/

印 刷 者	北京汇林印务有限公司
开　　本	890×1240　32 开
印　　张	8.5
字　　数	170 千字
版　　次	2025 年 4 月第一版
印　　次	2025 年 4 月第一次
印　　数	6 100
书　　号	ISBN 978-7-5760-5861-1
定　　价	62.00 元

出 版 人　　王　焰

（如发现本版图书有印订质量问题，请寄回本社市场部调换或电话 021-62865537 联系）

目　录

自　序

　　大夏书系卢风保先生嘱我主编一本关于名师成长的书，取名《何以为师：21 位名师的教育之道》，重在讲述他们的教育之道，给读者以成长启迪。我与教育部国培办的孙雪静老师共同完成此书的主编工作。于我而言，何其有幸。

　　从业 20 多年，历经了不同的工作岗位，其间一直与教师打交道，见识了不少的名师，也想过出版一本名师研究的书籍供老师们学习。恰逢风保先生有此策划，正合我意。

　　我们寻找了 21 位名师，他们来自大江南北，代表不同学科。他们以教育叙事的方式讲述了各自对教育的理解，故事或深沉绵长，或感人肺腑，或一波三折。

　　每一位名师的成长都有其不同的特征，我们试着去寻找他们的共同之处。翻阅书稿，我们仿佛看到了一群群有理想、有信念的教师，在中国大地上书写着教育的伟大诗行。没有人天生就是成功者，成功往往是巨大艰辛后的偶得。

　　为师之道，在哪里？我们反复品读、琢磨，在 21 位名师的教育故事里，似乎悟出了一点门道。

教育之道在仁爱。孟庆阳老师把母亲那一句"好好教人家的孩子"作为教育的信条，二十五年如一日，始终怀抱着一颗仁爱之心："既然已经做了教师，那就不能做'问题教师'，要教好人家的孩子，不能对不起学生和家长。"每当有学生遇到困难或困惑时，郭双宏老师总是耐心倾听，给予他们最真挚的建议和鼓励，师生关系变得更加和谐融洽。

教育之道在坚守。陶行知先生说："人的一分精神只能专做一件事业，一个人兼了十几个差使，精神难以兼顾，他的事业即难以成功。"坚守在教育的岗位上，久久为功，把教育这件事办好。陈金华老师在"慧语文"研究上乐此不疲，坚守当初的梦想。周全中老师在一滴水的梦想里，持续深耕，渐入佳境。"一事精致，足以动人"，名师们的故事再一次告诉了我们这一道理。

教育之道在追求。巴金先生说："理想不抛弃苦心追求的人，只要不停止追求，你们就沐浴在理想的光辉之中。"钱永昌老师，三十载孜孜以求，在物理教学上大放异彩；安昊老师，在独自摸索中迎来柳暗花明；颜金松老师，更以"呕出一颗执着的心"的精神追求，创造教育的明天。

教育之道在专业。"师者，所以传道受业解惑也。"拥有扎实的学识，才能培养出更加优秀的学生。韦和平老师，为了学生的快乐学习，不断钻研课堂；谢海龙老师，扎根西部，锤炼教学的本领。专业，赢得了尊严。

掩卷而思，21位名师的教育故事，虽然不能代表所有教师的成长故事，但的的确确揭示了一种规律：教育离不开仁爱，没有仁爱之心，就没有真正的教育；教育离不开坚守，要永葆初心，不离不弃；教育离不开追求，在平凡的岗位上超越自我；教育离不开专业，只有专业精进，才能名曰"老师"。

周末从广州回到永州，写下这些文字，内心很是宁静；窗外的桂花，今年开得很迟，原以为早就芳香四溢了。此书的问世，正如这迟来的桂花，美好的事物该要等等的。

聊以为序。

吴春来

2024 年 10 月 26 日

第一辑

仁爱的呼唤

孟庆阳:"好好教人家的孩子"

名师档案:孟庆阳,国家教学名师,全国模范教师,全国优秀教师,正高级教师。曾获第十二届全国小学数学教学改革观摩课一等奖,全国小学数学示范课一等奖,两次获天津市课堂教学大赛一等奖第一名。教育部"双名计划"(2022—2025)入选名师,天津市教育学会小学数学专业委员会副秘书长。

回首自己从教的 25 年,一路走来,猛然间觉得自己在朝做个"好老师"这个目标努力奔跑的过程中其实只做了一件事,那便是学做教师:学做同事眼中的合格教师,学做同行眼中的优秀教师,学做益于学生终身发展的教师,学做对国家民族未来负责的教师。而这皆是因为母亲的一句"好好教人家的孩子"。

从"问题教师"到合格教师

1996 年一纸志愿书将我的命运定格在三尺讲台上，那一年正是家里最艰难的时候，为此我懂事地选择了去读师范。不用交学费，每月还有生活补助，可以为家里减轻负担，这便是我当年选择读师范的初衷。可以说当老师对那时的我而言就是一个无奈的选择，也正是因为这份无奈，在师范读书的三年里，我在专业学习上得过且过，以至于老师恨铁不成钢地说："我们班的 48 名同学，有 47 名都能成为好老师！"言外之意只有一个人不行，那个人便是我！

1999 年，我在质疑声中毕业，阴差阳错地进了当时的蓟县城关第六小学，年少轻狂的我无论外在言行还是内在教学基本功，都与一名合格教师有不小差距。一入校，因为语文不好，英语更不好，我便教了数学，也正因此我成了当时的业务校长白凤荣，也就是我的启蒙师父的重点"关照"对象。"问题教师"的标签也就这样背在了身上。

入职一周后，校领导第一次听课，我们同批进校的四位新教师，其他人顺利过关，只有我当众挨了痛批。那个周末回家，虽然我报喜不报忧，但母亲似乎看出了什么。

离家时她语重心长地叮嘱我"好好教人家的孩子"，母亲虽然不识字，但她从小教导我和妹妹"人活着无论做啥事都要讲良心"，她的眼神让我感受到"她希望自己的儿子是一个有良心的老师，教好人家的孩子"。那一刻我就一个念头："既然已经做了教师，那就不能做'问题教师'，要教好人家的孩子，不能对不起学生和家长。"

从那以后，每次离家时她都会对我说"好好教人家的孩子"，25 年了，从未间断，"好好教人家的孩子"就成了我最基本的职业良心和做老师的道德底线。我深知教好人家的孩子要从努力提升自身专业水平开始，要让自己的课堂有意思，让学生喜欢上我的课。

于是我开始了长达 25 年的自我"改造"。当时我吃住都在学校，白天上班时我认真聆听白校长的教学指导，晚上扎在办公室看教学杂志，蹭幼儿园的电视机看名师的录像课，用心揣摩名师的设计意图，甚至是他们的动作、语言和表情，从模仿到移植，有不明白的地方就请教身边的老教师，周末还会总结一周的收获，反思不足，及时改进。

也就是从那时起，我开始每日叩问什么才是"好好教人家的孩子"，并以此为目标，不断地反思和调整自己的教学行为，让自己离这个目标近一些，再近一些。2001 年一次听课后，白校长和一起听课的老师说这样的课压堂几分钟学生也爱听，还兴奋地把我的讲课模式命名为"自学探究式"教学，并在全校推广，那一年我第一次在全校所有教师面前上展示课。

同事们都说不到两年时间，我的课有了质的改变，越来越受学生们喜爱，这也让我这个"问题教师"成了领导、同事、学生和家长眼里的合格教师，让我第一次体味到了自我实现的滋味，师父和身边的老教师用他们的言传身教让我懂得教师的工作是自觉觉他、渡己渡人的过程，好老师应该努力提升自身专业水平，用心教好每一个学生。我第一次觉得自己找到了前进的方向。

从"土八路"到优秀教师

2005年7月，我被调到教务处负责学校的数学教研和教师培训工作，去市区参加教研活动的机会也越来越多，我发现在台上作教学展示和经验介绍的多是市区的老师，便和同去的老师说："啥时候我们蓟县的老师，不再只是听众啊？"他打趣道："咱们这盘山下来的'土八路'怎么可能比得过人家？不服你试试！"试试就试试，那一刻我觉得我找到了新的前进方向。一如曾经努力证明自己不比别人差，此时我有了一个执念——"我要为蓟县老师争口气"。

不服气的背后，是花更大的力气思考如何把课上好，是更努力地提高自己的专业水平。买名师的教学光盘和专著，研究名师如何设计教学活动，如何促进学生深度学习的发生……

我深知模仿名师，是一个教师学术的捷径，但有术无道必然止于术，仅仅只会模仿的教师是走不远的，于是我反反复复研读课程方案和课程标准，试图从中寻找突破的方向。因此我给自己立了一个规矩——"别人用过的方法尽量不用"，逼着自己在学习的基础上去创新。

那时起，"在路上"成了我的QQ签名，也成为我的工作、学习和生活状态，每天的工作时间对我来讲都是从早晨到深夜，周末、假期基本上都是在学习、研究，对父母我是个没有时间常回去看看的儿子，对爱人我是个没有时间帮忙的丈夫，对孩子我是个没有时间陪伴的父亲。现在女儿已经是一名大学生了，还时常埋怨我，长这么大都没有带她出去开过眼界，总是寒假推暑假，暑假又推明年暑假。在我心中，充满了对家人的愧疚。这样持续夜以继日透支地工作，让我患上了腰椎滑脱疾患。可多年的腰疾困扰却未曾阻止我求索的脚步。明明知道自己不能久坐，但常常为了一个教学设计在电脑前坐到凌晨；明明知道自己不能常站，却还经常为了一个想法、一个细节在上完本班的课后再去其他年级、其他学校借班上课，一站就是半天。

2011年9月，我迎来了从教以来，第一次走出蓟县去市里参加比赛的机会。在准备课的一周时间里，我忍受着腰疾的折磨，每天歪着身子一瘸一拐地穿梭于教学楼中，同事都说我魔怔了，每一个人都苦口婆心地劝我赶紧去医院看看，可我深知这是我第一次在全天津市的小学数学老师面前代表蓟县亮相，我不能给蓟县丢脸。那段时间，除非必要我绝不坐下来，因为每一次想从电脑桌前站起来这样一个简单的动作，对我来说都十分艰难，按着桌子还要靠同事拉一把才能起来，而且要弓着腰缓上好一会儿才能动。比赛的前三天，因为腰椎滑脱我的左腿不能动弹，被送进了天津市人民医院脊柱外科。可我还抱着侥幸心理，问主治医生李会明主任："您能先给我输点液，两天后让我出去半天参加比赛，然后回来再给我做手术吗？"李主任的回答是："你以为你不手术还可以走路吗？两天后手术！"就这样我遗憾地错过了职业生涯中的第一次比赛。

2011年9月18日，我做了手术，到现在身体里还有六颗钛金钉和一个人工活关节，术后的第三天我出现了罕见的高烧发热，整整四天三夜都在40度以上，我感觉每一根骨头、每一寸皮肤都是痛的，整个人都有些恍惚。退烧后同屋的病友大哥劝我"出院以后不要再这么拼命地工作了"。我笑着说："没有经历过深切的痛苦又怎能体会平凡中的幸福？躺在这里才知道，站在讲台上是多幸福。回去以后我要更加努力地当好一个老师，好好享受在讲台上的那份幸福！"30日那天医生通知我可以下床了，我问他："我能明天再起来吗？"他一脸狐疑地看着我："人家都盼着早起来，你这怎么回事？""我是9月18日那天倒下的，所以我想在10月1日站起来！"此言一出，笑声久久回荡在整个病房。2011年的这一天，我的教育生命得以重生。

2013年4月的一天下午，县教研员李老师跟我说有一个去市里讲课的机会，这让我无比兴奋。时隔两年，我终于可以弥补自己的遗憾了。他给了我五个课题让我从中选一个，一周后去讲课。等我到了比赛地点，才知道那是一个选拔赛的小组赛，我幸运地得了小组第一名，并在决赛里拿到了我教师生涯当中的第一个市级一等奖。后来才听前辈们说，当小组赛结果出来时，他们满腹疑惑，蓟县的老师成绩这么好，是不是请高人设计的？只有我自己知道为了这一天我准备了十几年。那一次比赛是我毕业后第一次参加市级比赛，也第一次实现了我要让蓟县的老师不仅是"听众",也可以是"讲师"的心愿。

2014年5月,天津市第八届双优课大赛,我不负众望,为蓟县斩获天津市第八届双优课小学数学学科一等奖的第一名。这是自天津市设立"中小学双优课"大赛(全市各区统一评选)以来,蓟县小学语数外三个学科中的第一个也是唯一一个一等奖。

2015年10月,我又两次在全国教学观摩交流会上拿到一等奖,在各级教研员、前辈们、师父们的引领和栽培下,我用一节一节精彩课堂,为蓟县的老师正名的同时,也让我成了同行眼中的优秀教师。

天津市教研室的张俭老师曾赠诗勉励我:创新路上不知愁,造就梦想度春秋,津沽怪才多奇志,课不惊人誓不休!朋友总劝我说:"对一个天津的小学数学老师来说,在天津市和全国含金量最高的教学比赛中,能拿的一等奖都拿了,该好好享受生活,调养身体了。"但我深知一个个令人艳羡的成绩背后,是前辈的引领,是贵人的抬举,自己只是幸运罢了,"盛名之下,其实难副",仍需不断地潜心学习、提高自己、超越自己。同时,我也不止一次在独处时自问:我这样上课的目的是什么?是为了得奖,为了鲜花和掌声,还是为了……?"教好人家的孩子"再一次让我找到了自己,也让我找到了自己的初心和教育追求。

从2014年开始,陆续有市内和外省的名校邀我过去工作,面对许诺的职务、待遇、安家费,我一再选择婉拒的原因是自己一直以来的夙愿——"为家乡的教育多做点事"！所以直到今天，校园里依然可以经常看到我因手术后恢复不够落下腰疾，歪着身子上课的身影，站着听课给教师们指导和组织教研的背影。虽然每每深夜结束在线教研和指导，都要拖着疲惫的身体忍着腰疼爬上床，总是要好一会儿才能伸直身体，但我乐此不疲，我希望有更多的年轻人可以"好好教人家的孩子，教好人家的孩子"！

通过三年的努力，工作室的青年教师田鹏、王春梅、付雪伟、王阳等都已成长为区里的青年骨干、镇里的学科带头人。见证他们的成长，我无比欣慰，曾经的"痛"都不治而愈了。

丨 从"教数学"到以"数"育人 丨

一转眼做了 20 多年的小学教师，常常会被问及："孟老师，您是教什么的？"起初总是回答："我是教数学的。"后来面对这样的问题，我的回答是："我是数学教师！"这样的回答，在一般人看来好像没有太大的区别，而在我的心中，这却有着不一样的意味，我时刻提醒自己：只教知识的是教书匠，通过教书去育人的才是老师。

2012 年末，在理发时，无意中得知曾经教过的学生，因为诈骗罪被捕入狱，听到这个消息后我心情沉闷了很长一段时间，我无法接受曾经围着我转的那个勤劳懂事的孩子竟成了犯罪分子这残酷的现实。如果说曾经我一直执着于如何把课上精彩，这件事之后我更多的是反思：仅仅是把课标上要求的知识技能教好，就是"好好教人家的孩子"吗？我们的课堂还能给学生留下些什么呢？

以悟为径，以"数"育人的想法，虽然是我在"好好教人家的孩子"的过程中慢慢萌生的，但"在理发店获知的残酷消息"让我更坚定了自己以"数"育人的想法。我开始有意识地在我的课堂上，以学习内容为媒介，将育人元素融入课堂，通过情景创设、大问题的引领为学生构建"悟"的场，引导学生在这个场中通过独立思考、动手实践、分享交流、思辨碰撞，去悟法、悟理，让学生的学习和成长真正发生。

数学学科的教育性体现在三个方面：一是学科价值，即学生通过数学学习，不仅掌握适应现代生活及进一步学习必备的基础知识、基本技能，而且还要形成面向未来社会和个人发展所必备的思维品质、数学关键能力等。二是社会价值，即学生在知识习得过程中获得的独立思考与善于反思的习惯，合作交流的意愿，勇于探索的科学精神。三是精神价值，即学生在经历数学概念的发现、验证、推理、探索的过程中所获得的积极情感体验，形成正确的世界观、人生观和价值观等。正如钟启泉教授指出：教学的教育性是内在隐含着的，无须从外部渗透。专家和前辈给了我诸多启示，让我坚信核心素养培养可以内隐于以问题解决为载体的数学活动之中，引导学生在学会用数学的眼光观察现实世界，用数学的思维思考现实世界，用数学的语言表达现实世界的过程中，涵养情感、形成品质、锤炼精神，树立正确的价值观，也给了我这样一个小中专生无尽的勇气去构建小学数学"润·悟"教学。

每逢春节、教师节，除了会收到近几年教过孩子的问候，还会收到在读研，甚至工作多年的学生的问候和祝福，小学毕业那么多年他们还会想起一个小学数学教师，发来一句："阳哥，新的一年你'腰'坚强啊！""孟爸节日快乐！"当然还有"老孟，听说你头发都稀疏了，是吗？"这样的灵魂拷问。有的还会在生活或学习中不知如何抉择时，询问我的意见，我想这一定是我以"数"育人的教学尝试，让我当年走进了这些孩子的心里。昨天我的课堂润泽了他们，今天他们的话语温暖着我，给了我坚定走下去的力量。

从小学老师走向学生眼里的"大先生"

记得多年前，一次去补车胎，攀谈中师傅得知我是老师后说："你们老师好干！铁打的学校，流水的学生，学生一波一波换，老师念的还是那本经。"当时我脑子里闪现出的是："一个不学习的老师怎么去教学生学习，一个不思考的老师怎么去教会学生思考呢？"

因为常年在六年级教毕业班，所以总是告诫自己不能用昨天的经，教化今天的人！总是要求我自己即便是教同样的年级，同样的内容，也要和前一年教得不一样。

老师这个职业决定我们是一个终身学习者，教书育人需要有工匠精神，不断与时俱进地迭代升级课堂，不断地突破、创新，甚至是和自己较劲，去创造别人以为不可能的可能，让自己从"经师"走向"经师"和"人师"的统一。

工作中遇到不如意，大家都会不自主地说出那句体现小学教师骨子里的自卑的感叹："家有三斗粮，不当孩子王。"我也曾不愿意在人前提及自己是个小学老师。直到陆续参加天津市未来教育家奠基工程、天津市"津门杰出教师"支持计划、教育部"双名计划"，一场场专家教授的报告，激荡和重塑着我的心灵，让我深谙小学教师虽然看上去平凡，但却身负国家的未来。

从知识导向到以"数"育人，我尝试在《同分母分数加减法》的课堂上和学生讨论分母的无用之用，在《百分数的认识》的课堂上帮学生领悟勿以善小而不为，在《位置与方向》的课堂上引导学生用数学的方式讲述王二小引敌人进入包围圈，在《折线统计图》的课后鼓励学生用数学方式呈现祖国的伟大建设成就……

2020年暑假前，一个上初中的孩子给我送来一幅她自己的画，画框背后写着："云山苍苍，江水泱泱，先生之风，山高水长！虽然我不是您最好的学生，但您是我最崇敬的老师！"我把它放在了办公室勉励自己，同事无意发现了背后的字，跟我开玩笑："你还敢摆？背后的字像悼词。"我笑答："这本就是范仲淹为严子陵先生修建祠堂时所作，如果有一天我们能把自己修炼成学生心中的'先生'，那此生便无憾了。"

学做教师 25 年，无数次在心底勾勒一个教师该有的模样，从模糊到清晰，从清晰到立体。一路走来，我深谙学无止境，教师的修行亦无止境。

郭双宏：以爱之名，行教育之路

名师档案：郭双宏，教育部"双名计划"（2022—2025）入选名师，正高级教师，上海师范大学教育学院教育硕士兼职导师，甘肃省学科带头人、骨干教师，甘肃省"国培计划"项目询导专家。

在甘肃省平凉市华亭市东华小学的一隅，我，郭双宏，一个普通的语文教师，自18岁踏上讲台的那一刻起，便深知手中的粉笔不仅绘制着知识的蓝图，更承载着塑造未来、点亮心灵的使命。作为一名在教育领域耕耘多年的教师，我经历了许多难忘的瞬间，见证了无数学生的成长与蜕变。这一路走来，有欢笑，有泪水，更有满满的收获和感悟。

┃ 初为人师，以情动人 ┃

记得刚踏上讲台时，面对着一双双充满好奇与渴望的眼睛，我既兴奋又紧张。那时的我，虽然满腔热情，但理想很丰满，现实却很骨感。最初的教学日子并非一帆风顺，我遭遇了诸多挑战。

课堂纪律难以维持，学生们对学习的兴趣不高，教学效果不尽如人意。这让我陷入了深深的自我怀疑：我真的能成为一名优秀的教师吗？通过一段时间的自我反思，我渐渐明白，只有真正走进学生的心灵，才能成为他们成长路上的引路人。

我开始向经验丰富的同事请教，观摩他们的课堂，学习他们的教学技巧和管理方法。同时，我也大量阅读教育类书籍，不断更新自己的教育理念。渐渐地，我摸到了门道，课堂变得越来越有序，学生们的学习积极性也逐渐提高。

在教学过程中，我始终坚信，每个学生都是独一无二的，都有自己的闪光点。因此，我用心去了解每一个学生，关注他们的学习和生活，帮助他们解决遇到的问题。

2000 年，有一个叫何小明的学生，性格内向，学习成绩也不理想。起初，他在课堂上总是默默不语，很少主动参与互动。

为了了解他的情况，我多次与他谈心，发现他其实有着丰富的内心世界，只是缺乏自信和展示自己的勇气。于是，我在课堂上特意给他创造一些表现的机会，哪怕只是一个简单的问题回答，我都会给予他充分的肯定和鼓励。

课后，我还组织了一些小组活动，让他与同学们有更多的交流和合作。慢慢地，小明变得开朗起来，学习成绩也有了明显的进步。看着他逐渐绽放的笑容，我感到无比欣慰。

后来，我发现他对绘画很有兴趣，于是鼓励他参加学校的绘画比赛。在比赛中，小明发挥出色，获得了一等奖。这让他自信心大增，学习也变得更加努力了。后来，他的成绩逐渐提高，性格也变得开朗起来。

班里还有一个叫于红的女同学因为家庭变故，情绪一度低落，成绩一落千丈。我察觉到她的变化后，经常找她聊天，倾听她的烦恼，给予她安慰和支持。我还组织同学们一起关心她，让她感受到集体的温暖。在大家的共同努力下，她终于走出了阴霾，重新找回了自信和学习的动力。

这些经历让我明白，每个孩子都是一朵等待绽放的花朵，我们需要用心去呵护，用爱去浇灌，才能让他们在阳光下绽放出最美丽的光彩。

为了与学生建立深厚的情感联系，我不仅在课堂上用心讲解，更在课后主动关心他们的生活和成长。每当有学生遇到困难或困惑时，我总是耐心倾听，给予他们最真挚的建议和鼓励。渐渐地，学生们开始信任我、依赖我，我们的师生关系也变得更加和谐融洽。这种情感上的共鸣，为我后续的教学工作奠定了坚实的基础。

看着学生们在我的陪伴下不断成长和进步，我感到无比的欣慰和自豪。我深知，教育不仅仅是传授知识，更是培养学生的品格和能力，让他们成为有责任感、有担当的社会栋梁。

2008 年，一位小学毕业多年的学生刘伟，给我写了一封信，信中说："郭老师，您是我人生道路上的引路人，是您让我明白了知识的力量和奋斗的意义。感谢您的教诲，让我有了追求梦想的勇气和信心。"这封信让我热泪盈眶，也让我更加坚定了自己的教育信念。

"乐行大语文"，创新教学

幸福不应该只是一种个体感悟，它应该是学校内的一种文化氛围。于是，自参加工作开始，我就积极思考如何突破传统束缚，关注每一个学生的成长需求和心理变化，探索一条更加符合时代特点和学生实际的教学之路。我怀揣着对教育的无限热爱与执着追求，深耕于语文教学的沃土，历经无数次的探索与实践，终于凝炼出了"乐行大语文"这一教学理念。这一理念的核心，在于倡导学生由被动接受转为主动参与，激发其内在的学习动力，让每一位学生都能在语文的广阔天地中乐于探究，勤于动手，享受学习的乐趣与成就感。这一理念，不仅是我个人教育心路历程的结晶，更是深受郭思乐教授、薛法根老师、王荣生教授、吴忠豪教授及董蓓菲教授等教育大家思想启迪的结果。

郭思乐教授的"生本教育"理念，如同一盏明灯，照亮了我前行的道路。他强调教育应以学生为本，充分发挥学生的主体作用，让学习成为学生自身成长的内在需求。这一思想深刻地影响了我的教学观，促使我在"乐行大语文"的实践中，始终将学生置于课堂的中心，鼓励他们主动参与，勇于表达自己的见解，让语文课堂成为学生展现自我、探索未知的舞台。

薛法根老师的"为言语智能而教"则为我提供了具体的实施策略。他主张语文教学应聚焦于学生言语智能的培养，通过丰富多样的教学活动，让学生在实践中学习语言，运用语言。我深受启发，在"乐行大语文"的课堂上，我设计了诸多能够激发学生言语潜能的教学活动，如情境模拟、辩论赛、创意写作等，让学生在实践中感受语言的魅力，提升言语表达与运用能力。

王荣生教授关于语文课程内容的深刻剖析，则让我对语文教学的本质有了更为清晰的认识。他指出，语文课程不应仅仅局限于文本知识的传授，更应关注学生语文素养的整体提升。这一观点促使我在"乐行大语文"的实践中，注重拓宽学生的阅读视野，引导他们深入文本，挖掘文字背后的深层含义，培养其批判性思维与创新能力。

而吴忠豪教授关于小学语文课程与教学的独到见解，则为我提供了坚实的理论基础。他强调小学语文教学应回归语言学习的本质，重视学生的语言积累与运用。在"乐行大语文"的实践中，我鼓励学生多读、多写、多说，通过大量的语言实践，积累丰富的语言材料，形成扎实的语言基础。同时，我也注重培养学生的动手能力，让他们在实践中体验语文学习的乐趣，感受语言文字的力量。

董蓓菲教授则以其对语文教育的前瞻性思考，给予了我无限的启迪。在"乐行大语文"的实践中，我通过选取典型的感知材料，采用灵活多样的教学手段和方法，创设问题情境，引导学生积极投入到学习活动中。

在我的课堂上，不再是枯燥乏味的课文解析和背诵，而是充满了趣味性和探索性的学习活动，让学生"乐"在其中。通过引入丰富的课外阅读材料、组织精彩的辩论赛、编写生动的课本剧等方式，让学生在轻松愉快的氛围中学习语文，感受中华文化的博大精深。

为了将"乐行大语文"的理念付诸实践，我进行了大量的尝试和创新。我引入了情境教学、小组合作学习等多种教学模式，让学生在轻松愉快的氛围中感受语文的魅力。我注重将信息技术与语文教学相结合，利用多媒体、网络等现代媒介丰富教学手段和内容。这些创新举措极大地提高了学生的学习兴趣和积极性。同时，鼓励学生参与各种社会实践活动，如社区服务、文化调研等，让学生在实践中锻炼能力、增长见识。通过这些活动，学生不仅学会了如何与人沟通交流、如何团队合作解决问题，还深刻体会到了语文知识的实用性和价值所在。这种"行以致用"的教学理念，让学生更加坚定了学习的方向和动力。

"乐行大语文"教学理念，是我站在前辈巨人的肩膀上，结合个人教学实践与思考的结晶。它强调学生的主体性，倡导在快乐中学习，在行动中成长，旨在构建一个开放、包容、充满活力的语文学习环境。在这个环境中，学生不再是知识的被动接受者，而是主动探索者、积极创造者。他们用自己的方式去解读文本，用自己的声音去表达思想，用自己的双手去创造未来。而我，作为这一理念的倡导者与实践者，将继续在这条充满挑战与希望的教育之路上坚定前行，为学生的全面发展贡献自己的力量。

┃ 科研引领，深耕细作 ┃

课题研究是教师提升科研能力的重要途径，也是推动小学语文教育事业发展的重要动力。在我成长的道路上，每一段课题研究经历，都像是一次心灵的旅行，让我得以在繁忙的教学之余，静下心来思考教育的本质与意义。

2014年的那个秋天，我和我的同事们开始了对课题"'目标导写，评练结合'作文教学模式的研究与实践"的探索。我们发现，传统的作文教学往往过于注重形式而忽视了学生思维能力的培养。于是，我们尝试构建一个以目标为导向的教学模式，在这个模式中，学生的主动性和创造性被极大地激发出来。经过一年的努力，我们的研究成果得到了专家们的认可，并通过了市级课题的鉴定。

接下来的几年里，我们继续深耕细作，从课本剧的编演到现代班主任的工作艺术，再到小学作文教学4+X模式的实践，每一次课题的研究都是对我们教育教学理念的一次深刻反思。记得在进行"现代班主任的工作艺术、方法及专业化发展的研究"时，我们深入探讨了如何更好地理解和支持每一个孩子的成长，这不仅仅是对班主任角色的重新定义，更是对学生个性化需求的一种尊重。

2017年，"以生为本读写结合，提高小学生习作水平的实践探索"让我们更加深刻地意识到，只有将阅读与写作紧密结合，才能真正提升学生的语言表达能力。这项研究促使我们在日常教学中更加注重学生的主体地位，鼓励他们大胆表达自己的想法。

随着课题研究的深入，我们开始关注中华优秀传统文化的传承与发展。2018年，我们启动了"中华优秀传统文化教育地方教材（校本教材）研究"，并在次年进一步深化了这一主题，开展了"挖掘本土文化资源提升小学生传统文化素养策略的研究"。这两项研究不仅让我们领略到了传统文化的魅力，更让我们意识到作为教育者肩负着传承文化的重任。

到了2020年，我们又迎来了两个重要的课题——"利用本土文化资源提升小学生传统文化素养策略的研究"和"孝道教育在小学阶段的实践与研究"。在这些课题的研究过程中，我们深刻体会到教育不仅仅是知识的传授，更是价值观的塑造和社会责任感的培养。尤其是在"孝道教育在小学阶段的实践与研究"中，我们努力将孝道精神融入到孩子们的日常学习生活中，让这份传统美德在新一代的心中生根发芽。

在我的带领下，青年教师也开始尝试参与一些科研项目的研究工作。虽然起初感到有些吃力，但在我的悉心指导下，他们逐渐掌握了科研的基本方法和技巧，也体会到了科研的乐趣和成就感。这段经历不仅提升了青年教师的专业素养和科研能力，还让青年教师更加坚定了将来从事教育科研工作的决心。

经过不懈地努力和探索，我在教育科研领域取得了丰硕的成果。我在《中国教育学刊》《基础教育参考》等权威刊物上发表了多篇学术论文，并主编了《优秀传统文化》等教材供师生使用。这些成果不仅得到了同行们的认可和赞誉，更为我的教学工作提供了有力的支撑和保障。

回首过去，每一项课题研究都是我们对教育事业的一份承诺。它们不仅丰富了我的教学经验，更为重要的是，让我明白了作为一名教师所应具备的责任感和使命感。未来的路还很长，但只要心中有爱，眼中有光，我相信我们会走得更远，做得更好。

┃ 开启"云帆茶馆"的研修之旅 ┃

教育是一场没有终点的旅程，作为甘肃省教育部"双名计划"（2022—2025）入选名师，我于2023年成立了"郭双宏名师工作室"。工作室以课堂教研为主线，以协同教研为抓手，以课题研究为载体，以团队学习、同伴互助、独立实践为表征，以学术交流、教艺切磋、互动提高为基本宗旨，以实现教师专业发展为目标，致力于使工作室成为"研究的平台、成长的阶梯、辐射的中心、师生的益友"。名师工作室吸引了一大批热爱教育、追求卓越的教师加入。

我们的成员分布较广，分散在不同的学校、不同的地区，于是"云帆茶馆"微信公众号应运而生。在全体同仁的努力耕耘下，一年多来"云帆茶馆"已经刊发了1000多篇原创文章。在这个大家庭里，我们相互学习、共同进步。我经常组织各种教学研讨活动、专题讲座和示范课展示等，让工作室成员在交流中碰撞思想，在分享中收获成长。

"云帆茶馆"微信公众号不仅是一个内部的交流平台，更是一个连接全国教师的桥梁。通过"云帆茶馆"微信公众号这一平台，工作室突破了地理空间的限制，实现了从城市到乡村、从东部到西部的全方位覆盖。不同地域、不同领域的教育工作者，通过线上线下相结合的方式，相互学习借鉴，形成了一个充满活力和创造力的学习共同体。

回望过去的教育之路，我深感自豪和欣慰。因为我用自己的汗水和智慧为学生们撑起了一片广阔的天空，让他们在这片天空中自由翱翔、茁壮成长。然而，我也深知教育之路永无止境。我将继续"以爱之名，行教育之路"，不断探索和创新，为学生的成长和发展贡献自己的力量。我相信，只要我们用心去教育，用爱去呵护，每一个学生都能绽放出属于自己的光彩！

程红辉：志远行近，上善若水

名师档案：程红辉，重庆市特级教师，正高级教师，教育部"双名计划"（2022—2025）入选名师，陕西师范大学教育硕士导师、陕西师范大学中小学幼儿园教师和校园长培训专家，重庆市学科名师。

如果说幸福就是得偿所愿，那么我就是那个幸福的人！"成为一名人民教师"是我年少时的梦想，终又成为了一生的职业，还是乐此不疲的兴趣所在。

如果问教师是什么，那么我想教师不仅仅是蜡烛、园丁、工程师，还是滋养生命、涤荡生命、包容生命、塑造生命的水！水利万物，随形而行。而如水之师是学生的关爱者、引领者、激发者！如水之师的教学是指向生命的教学！

2003年的那个盛夏，知了长鸣，天空湛蓝，我大学毕业，来到了这座小小的县城梁平，来到了我工作至今的地方重庆市梁平红旗中学。一个青涩、懵懂，怀揣着激情与梦想的年轻人站在校门口旁，敬畏地凝视着一栋栋宁静素雅、古朴简易的教学楼。

2024 年的这个秋天，流光易逝，掐指一算，21 年的时光恍若一瞬。曾经那个青涩、懵懂的年轻人已过不惑之年，国家把她培养成了省特级教师、正高级教师、教育部"双名计划"（2022—2025）入选名师、学生心中的良师。回头看看我和我学生的成长，莫不都有良师的关爱、引领和激发，还有自我的沉潜、觉醒和反思。我把这种能够发掘一个人的特点，激发一个人的内驱力，充满了人性化、个性化、开放化的方式称为"生命向度"的引导。

青年自有凌云志，只待新雷第一声

作为一个非师范专业的新教师，能迅速转换角色登上三尺讲台，我想我所有的勇气，一方面来自一贯坚持阅读的素养积淀，另一方面来自我仁爱的、优秀的高中老师的影响。或许是受到老师潜移默化的濡染，当成为了一名人民教师后，不知不觉我也爱着我所有的学生，每次与他们一起走进课堂的时光都是我非常幸福的时刻。常常有人问我："学生如此有个性，你管得住他们？"……有此类疑惑的人一定不明白这样的道理：学生需要的不是老师把他们管住，而是知识、能力、理解和关爱。当他们感觉到老师的爱、敬业和专业的时候，感受到老师对他们的尊重、理解的时候，再调皮的孩子在老师面前都会把他们最好的一面展示出来。

作为刚走上讲台的新老师，被学生喜爱着、怀疑着。知道自己没有什么好的教学方法，也缺乏对文本的深刻解读，更没有对整个高中语文体系的宏观把控，所以常常有一种脚踩棉花的不踏实感，一半清醒一半糊涂地上着课。

我有时想，人的一生总是要相信些什么才好。在一次新教师见面会上，一位尊者语重心长地说："你们虽是刚刚起步的新教师，但要相信，三年后，也就是这一届的教学结束后，你们一定会得到不同程度的成长。而如何成长，与你当下教学的每一堂课，批改的每一份作业，和学生的每一次交流，看的每一本书等有着直接密切的联系。希望大家三年后都能成长为自己期盼的样子。"这几句简单的话，我选择了相信，它们掷地有声，在我一片空白的教学起点上留下了深刻的印记。该怎么进行教学？作为一名新教师，踏踏实实地研究教材、了解学生、关爱学生，再认真地上好每一堂课，多学习，就是最好的成长姿态。

上好一堂课，看起来不难，实则并不容易。我开始尝试研究教材，探究教材里的每一句话、每一个细节、每一处手法。因为没有一个宏观的框架，所以就只能多问，多看，多查阅资料。能够借鉴的教学资源很多，不过繁多的资料容易把人淹没，长此以往，作为一个教学的引导者，自我能力难以得到锤炼和提升。因此，如何有效地借鉴、利用这些辅助性的资料需要一定的智慧。于是我尝试裸读文本，先自我细细地研究，得出自己的判断，再带着这些判断查阅相关的资料，或进行佐证、或进行扩展、或进行创新……慢慢地，我发现这个备课的过程就是自我思考、自我研究、自我梳理的过程，也是自我锤炼、自我提升的过程。

博观而约取，厚积而薄发

随着时间的流逝和一届又一届学生的离去，我有了一些教学经验和感受，带着这些稚嫩的经验和感受开始关注、研究那些教育教学有特色的教师。

看李吉林情境教学的课堂实录，感受李老师通过模仿真实情境、实现信息的交互，带着学生提高学习过程中的吸收能力；看王君青春语文的课堂实录，感受王老师通过激活汉语言本身的生命力对学生进行激励、唤醒和鼓舞，带领学生在语文课堂上见自我，见天地，见众生；看黄厚江本色语文的教学实录，感受黄老师用语文的方式教语文，把语文课上成语文课，扭转语文教学中被扭曲的种种异化现象。认真地了解钱梦龙、程红兵、李镇西、于漪、王崧舟、窦桂梅等全国语文名师的教学特色，他们身上总有一种强大的力量、一种积极的精神值得我们去学习。他们用实际行动展现出了教育教学的各种可能性。正是这些可能性之间的相互碰撞，以及对我们的激荡，让语文教育的天地更加广阔。然后我开始读一些教育教学的专著，如《学记》《叶圣陶教学名篇》《给教师的建议》等，慢慢地视野得到了开阔，对教学原理、教学策略等有了更清晰的认识。

在阅读、学习这些专著的过程中，写读书笔记是我坚持的一个习惯。近十年来阅读的笔记和感想，写了厚厚的好几本，在这些笔记本里，有我喜欢的教育观念，也有我对这些观念的感想。

如在读到陶行知"人不同，则教的东西、教的方法、教的分量、教的次序都跟着不同了"这句话时，我非常认同这个观点，并及时在笔记本上写下了我的看法："学生个性不同、能力不同、性情不一，基于这个前提，我们不能用统一的标准来衡量学生的能力和发展。钱前院士曾讲述过'差生相对论'的现象。在稻田里，有的水稻长势喜人、硕果累累，而有的水稻却发育不良一折就断。然而，这种一折就断的水稻看似不优秀，却是喂鱼最好的养料。从这个角度来说，一折就断的水稻也有它独特的价值。把这个现象对应到学生身上，我们就会发现没有'差生'，只有被教育错位的学生。所以如何让学生在一生中找到自己的位置，然后闪闪发光，是我们教育者的责任。教育教学是有艺术的，教师要通过这种艺术的方法把每一个学生的潜力发挥出来，并让他们能够体会到成功的乐趣。"

如在读了苏霍姆林斯基"育人先育心"的观点时，我有一种醍醐灌顶的感觉，怀着激动的心情在笔记本上我写下了对这五个字的理解："苏霍姆林斯基肯定了心灵对行为的重大影响。一方面，育人育心注重引导学生不仅仅要关注自己、热爱生命，还要关注自然、社会、世界。学生不仅仅要成才，成为一个心灵健康的人也非常重要。指向生命的教育就是要关注学生精神状态，注重丰富其内在精神世界，使学生成长为一个积极向上、精神世界充沛的一个人。另一方面，指向生命的教育能激发学生学习的内驱力，让学生对学习产生兴趣。高中语文课堂，在其他学科教师眼中应该是学生非常喜欢的课堂，毕竟有那么多生动有趣又博大精深的内容可以探讨。然而事实是很多学生并不喜欢语文学科、语文课堂、语文教师，究其原因，恐怕其中之一便是在语文教学过程中忽视了对其'心'的影响。在语文教学过程中，如果我们能注重四心即让学生动心、费心、潜心、倾心，那么学生学习语文应该会更积极而有效。所谓的动心，就是教师要提高自身素养，让课堂灵动起来，让学生对语文学习充满兴趣。所谓费心，就是在学习的过程中教师要通过设置一定的'障碍'引导学生主动思考。所谓潜心，就是要培养学生的深度思考的能力，比如逻辑思维、辩证思维、创造思维，促进其深刻性、敏捷性、灵活性、批判性和独创性等思维品质的提升。所谓倾心，就是指学生对语文学习动心、费心、倾心后达到的效果，即对语文学习充满热爱，主动钻研……"

读到打动心扉的话，我经常结合自己平日的教学状况在笔记本上写下几百、几千的文字。久而久之，我感受到了这个习惯的好处：一方面，不断阅读这些名家的思想让自己处于持续的学习状态中，拓宽了视野；另一方面，在与这些名家思想的碰撞过程中，不知不觉对自己的教育教学进行了反思和总结，越来越清晰地明白哪些符合教育教学的规律，哪些还要改变提升。

心如明镜台，坐久思行深

　　作为一名语文教师，我的教学理念、教学风格是怎样的？这个问题慢慢地在我写的课堂实录、课堂反思、读书笔记里有了答案——指向生命。我也常常思考：我要把我的学生培养成为一个个怎样的人？这个思考在学生们自信的眼眸里有了明晰的结论——让学生成长为他们自己最美的样子。

　　之所以有这样的想法，是因为我看到学生在小学、幼儿园阶段那么自信、有梦想，而上了中学后，有些学生眼里的光芒却慢慢地暗淡了。在他们不擅长的地方，我看到他们那种深深的挫败感、无力感，他们沮丧、无奈，开始怀疑自我、否定自我。可是当我们换一个角度来看这些学生的时候，又发现他们在某一方面又是那么优秀！世界上没有完全相同的两片树叶，世上更不可能有完全相同的两个学生，每个学生都有自己的独特性，每个学生都有自己的闪光点，每个学生在求学的过程中都在为自己未来的人生之路奠基搭桥。我明白了一个道理：作为一个师者，我的职责就是去引导他们展示、发挥自己的独特性，激发他们的自驱力，让他们自信、坚定地成长为自己最美的样子。

所以，当我的学生要进行整本书阅读的时候，我会去思考除了新课标规定的两本必读书目《红楼梦》《乡土中国》之外，他们还需要阅读哪些经典书。是读应该读的，还是读自己喜欢读、想读的？是读专家推荐阅读的，还是读同龄人推荐阅读的？阅读是很个性化的行为，浩瀚的书海有太多的选择，在经典书目的范围内，读什么没有优劣之分，关键是学生要主动去读，想读。所以我决定尊重学生的阅读选择，不应当完全以教师的阅读选择来代替学生的阅读选择。

同样地，在整本书阅读后的创新写作方面，形式也是开放的，学生可以根据自己的喜好和特长进行有选择性的写作，可以是整本书阅读后对阅读作品的仿写、续写、扩写、改写，可以是读后感、读后评、读书札记，还可以进行小论文、演讲稿的撰写，可以是日记的形式，也可以是书信的形式。这样，从阅读到写作的整个过程都变得有意思、有价值、有生命力。我在每一个寒暑假后都会收到大量的整本书阅读后的创新作品，很多学生因为这些创新写作有了很大的收获。

所以，当我的学生要进行写作的时候，我意识到每个学生的写作水平是不同的，有的学生擅长写，有的学生不擅长写，有的学生擅长这种写作，有的学生擅长另外一种写作，怎么能要求所有的学生在同一次写作中都能达到同一个水平呢？所以在对学生进行详细了解的情况下，遵循学生自愿选择的基础上，我和学生共同商讨，让他们根据自己的现状给自己定一道坎，每次写作只要达到自己设置的这道坎就算成功。同时通过小组互助、师生面谈等方式对他们有针对性地强调写作重点，个性化地商量写作策略，比如：学生甲是字太糟糕，影响了整体的得分，那就从练字开始训练；学生乙是文章逻辑混乱，那就先试着分析一些优秀报刊上的评论员的文章，看别人是怎样从不同的层面和角度来分析一件事情的。他们自主评估现状，做自己力所能及的事；他们找问题，反复练习，向下一道坎靠拢……一旦目标达成，又会激发学习写作的兴趣和成就感，写作就从被动变成了主动了。这是学生主动选择、适合自我发展的学习过程。还有什么比充满希望、充满干劲、主动学习更有效的学习状态呢？

所以，当我的学生在语文课堂上进行学习时，我会有意识地把知识的落实设置到一些能引起他们深思的互动里，注重情境体悟，激发学生内驱力；会关注学生的需求，及时进行课堂生成；会想办法把课堂变得灵动起来，让他们在语文课堂上充满活力。在这样的设置下，学习《鸿门宴》，学生们会找出他们认为文章不合理的细节来，以此来掌握一些基础知识、了解司马迁龙门笔法的特点；学习《祝福》，学生们会在剧本杀里断凶手，以此来明白小说的主题和作品的高妙之处；学习《梦游天姥吟留别》，学生们会根据课文的内容天马行空地画出李白爬山路线图，以此把文章里想象的、难以理解的地方在自己的大脑里进行再加工后展现出来；学习《齐桓晋文之事》，学生们会通过把雅致的文言文翻译成重庆方言来揣摩文中人物的小心思；学习《六国论》，学生们会通过从议论文的角度给这篇文章找出得分的依据掌握议论文的写法……

所以，当我的学生在课间来找我的时候，我会很珍惜和他们的每一次交流。在教育生活里，人最重要；对于人而言，被看见、被尊重、被鼓励很重要。只有具备仁爱之心，以情动人、化人，才能走进学生心里。学生信任他们的老师，喜欢他们的老师，老师是他们心里的一盏明灯。他们在非常有限的课间里来找我，或是问我课堂上不理解的地方，或是问我作业中有困难的地方，或是在我的桌上放一朵地上捡来的美丽小花，或是向我倾诉生活中、学习上的难言之隐……只要学生看见我在办公室里，他们总是三五成群地围着我，整个交流的过程真诚、放松、愉悦……我的学生知道我爱着他们，而且这个爱没有任何的附加条件，就像水，随形而行。虽然有时候也为学生的成长、学生的困惑感到忧虑，但正如全国著名特级教师于永正说的："这就是你的学生！尺有所短，寸有所长……我会认真研究每一个学生，知其长短，让每个学生扬长避短……人人尽力了，学到什么程度就是什么程度。"

▎ 潮平两岸阔，风正一帆悬 ▎

我的学生常常给予我力量，学生能够成长为他们最美的样子就是我最大的成就和荣誉。从他们毕业前和毕业后的只言片语里，我似乎感到这样的教育理念、教育方向是值得继续深入探究的。毕业多年的蒋亭亭给我发来信息说："本来我对自己的前途充满了疑惑，给您写着写着似乎自己就给出了答案，答案就藏在您望向我们的永远干净、阳光、温暖、充满期待的眼眸里，藏在您认真读书分享在我们心底荡起的涟漪里，藏在您影响我至今的人格魅力和教育智慧里……这是您教育的学生穿越时空的感念，因为您，我总能在自己身上体会到教育的伟大和力量。"

21 年的教育时光弹指一瞬，我盼望自己的教育之路还有下一个 21 年！在这新的岁月里，要不断地追问自己：是否在追求一个有理想、有信念、全新的自我？能否成为教育的探索者、先锋队的一员？能否以成为一名新时代的大先生为目标，做学生为学、为事、为人的示范？

我盼望自己能因材施教去激发、唤醒每一个学生，倾听他们内心的选择；盼望在基础教育阶段，学习对学生来说，是一件找到自我、发掘自我事情，是快乐、有意义的事情。

我盼望自己的教育教学始终指向生命，去关注学生在认知、理解、冲突、表达等方面的真实状态；看重学生生命的独特体验，从关注自我进而关注他人、自然、世界、生命；去帮助他们理解生命，评价和定位自我价值。

我盼望学生在青年时期求学之路结束之后，对学习依然保持热爱，活到老学到老，找到自己的人生价值，并成为有大爱、大德、大情怀的人。

未来的教育时光，看似漫长，实则很短；要实现的目标看似不易，其实路就在脚下。"行远自迩，登高自卑"，要想实现教育理想，就该从这近处开始，从当下开始，一步一个脚印去丈量。

毕然：用爱润泽心灵

名师档案：毕然，北京市特级教师，正高级教师，教育部"双名计划"（2022—2025）入选名师，北京市优秀教师，曾获得全国五一劳动奖章、北京市"紫禁杯"优秀班主任特等奖，中国教育电视台《同上一堂课》主讲教师和指导教师。

　　自 1996 年毕业至今，我在北京第一实验小学这块教育苗圃中已经耕耘了 28 年。在这所百年名校中，曾经涌现出许多名师，他们高尚的师德和严谨的治学态度，都深深镌刻在我的心中，催我奋进，激励我在工作中以教育为信仰，以国家发展、民族振兴为己任，做一名在学生成长的过程中留下难忘记忆，产生深刻影响的优秀教师。

┃ 一寸光阴，一寸萌芽：我们的童心创作室 ┃

　　回首昨日，往事多如云烟随风行远，然而那个在母亲的教室外踮脚张望的小女生，依然轮廓清晰。儿时的我受母亲影响，对三尺讲坛心存向往。上小学后，我最喜欢做的事情就是放学后在家人面前煞有其事地扮一回老师，把自己的所学所得讲给家人听。从小学时代起，我的理想已经明确：我要当一名光荣的教师。1996年从首都师范大学毕业后，我有幸来到北京第一实验小学这片孕育名师的沃土，开始书写自己的教育人生。回想初登杏坛那一刻，现在的我依然掩饰不住兴奋和激动。那是新征程的开始，就像水手见到了大海，内心升腾起一种神圣、一份责任。看着孩子们纯真、渴求的眼睛，我暗暗在心里许下承诺：要做一个好老师，对得起孩子的信任与自己的良心。

梦想从学习开始，事业靠本领成就。为了提高自己的业务水平，我广泛阅读关于教学、教法的理论专著，不断学习着、思考着、记录着，积极向同事、师父学习，利用学校提供的平台，走出校园与其他优秀教师交流，通过从别人身上汲取点点滴滴的能量，促进自己不断向纵深发展。持之以恒地学习，极大地丰富了我对先进的教育思想的理解与认识，促进了我对教育规律和学生成长规律的把握，使我的教育行为有了科学的依据，从而大大地提高了教育的效果。

"没有爱就没有教育，没有兴趣就没有学习，教书育人在细微处，学生成长在活动中"，北京师范大学资深教授顾明远先生的这句话对我产生了深远的影响，我以此为目标，立志成为一名优秀的教师。

针对小学生的学习特点，我采用体验式的学习方法，全面提升学生的语文素养，并善于抓住语文课程丰富的人文内涵健全学生的人格。在课堂上，在阅读中，在我发起的童心创作室学生练笔小沙龙里，学生积累知识、丰富情感，从心底萌生出对知识、对美好人性的渴求。还记得童心创作室成立时受到了学生和家长们的欢迎，我们集体中的每一位成员——老师、学生、家长都在积极筹备着、参与着。在童心创作室成立后的第一个母亲节到来之际，学生们精心地为妈妈准备了礼物——一封封饱含深情的信。一个学生在信中这样写道："亲爱的妈妈，您不出名，也不漂亮，但在我心中，您永远最伟大！乌鸦反哺，小羊跪乳，我报恩的时候也该来了……春天来了，天气挺干燥的，您多喝点水，别上火！一直爱您的女儿：贝贝。"妈妈在回信中这样写道："谢谢亲爱的孩子！看到你的信，妈妈感动得哭了，这是我收到的最珍贵的一份礼物！妈妈永远爱你！"

看到学生和家长的书信，我非常感动，于是把这些书信收集成册，形成了童心创作室的第一个作品集，并在扉页写下了这样的寄语："亲爱的同学们，让我们展开想象的翅膀，在蓝天下自由翱翔。让我们在语文园地里播下希望的种子，学会欣赏绿叶的青翠、鲜花的绚丽、果实的丰美、园丁的辛勤。二十年后，你们当中会有作家、医生、老师、科学家、工程师、解放军战士，不管你们将来做什么工作，都会为同一件事而自豪：我们曾经拥有童心创作室。愿童心创作室越办越好！"

每每站在讲台上，我都不曾忘记自己的梦想，不曾动摇过育人之心，凭借对教育的赤诚之心和强烈的责任感，在日常教育教学工作中永远充满无限热忱。我努力涵养育人智慧，用勤学笃行铺就学生逐梦之路。

我的感悟：一名优秀的教师，不仅要教书，更要育人；不仅要启智，更要润心。

┃ 老人与海鸥，人间大爱：我的语文教学路 ┃

2007 年，在我的语文教育生涯中具有重要的意义，因为在这一年，我代表宣武区（已并入西城区）参加了北京市第六届小学语文阅读教学大赛，执教的人教版六年级上册《老人与海鸥》一课获得了一等奖，也是当年的最高奖项。回想伴随老人与海鸥走过的心路历程，我获得了人性温暖的感动，每每想起，都心潮起伏，思绪万千。

我最初读到《老人与海鸥》这篇文章时，获得了极大的震撼与感动，教研员刘天华老师告诉我："备课先不要着急想教学设计，要先把教材吃透。在反复品读文本的同时，可以着手搜集一些资料供备课时使用。一来可以借助这些资料丰富自己对文本的认识，二来这些资料也可以作为之后设计教学时备选的教学素材。"刘老师的话让我受到了很大启发，我尝试着从读者、作者、学生和教师四个角度走进文本。

从读者的身份思考，人类学家邓启耀先生写有《寂寞鸥灵》一文，而《老人与海鸥》则是在《寂寞鸥灵》一文的基础上改编的。我没能在网上读到原文，但还是找到了这样一段评价："他的心灵因为与自然的贴近而变得轻灵透彻。行走在自己的理想家园，他，义无反顾。"初读《老人与海鸥》一文，我被深深地打动了，但究竟是什么打动了自己仿佛又说不清楚。是老人对海鸥的深情？是海鸥对老人深深的依恋？好像都是又都不准确。我通过上网查阅资料，了解到作者邓启耀先生原是云南《山茶》杂志社的主编，后任中山大学人类学教授，时任中山大学传播与设计学院副院长。我最大的收获是查到了作者的邮箱，我抱着一丝侥幸给邓老师发了一封邮件，请教了两个问题：创作这篇文章的背景是什么？如果六年级的学生学习这篇课文，希望他们从中获得什么？令我没想到的是，就在我给作者邓启耀老师发去邮件的几天之后，居然收到了邓老师的回信。

毕然老师：

　　你好！由于我在外面开会，没有及时查看邮件，加上你的邮件不知怎么被雅虎放到垃圾邮件里了，所以迟复为歉。

　　关于第一个问题，我发给你原稿吧，你看了没有删节的东西，就会知道情况了。

　　关于第二个问题，希望一切人善待万物，善待生命。

　　不知这样回答可以吗？

邓启耀

　　网上的帖子里说邓老师学问上品，为人上上品，果然不是虚言，邓老师的"善"让我特别感动。后来，我在备课中与邓老师有过多次网上交流，他给予了我很多帮助，使得我对文本的认识不断提升。

　　读了邓老师发来的《寂寞鸥灵》的原文，我感觉思路清晰了许多。在老人对海鸥无微不至的照顾和一声声亲昵的呼唤下，海鸥的灵性被唤醒了。它们亲近老人、依恋老人，它们是那样"重情义"，并在老人离开它们之际，竟以动人心魄、震撼人心的力量，淋漓尽致地表达出来。从这篇文章中，我们看到的与其说是老人美好的人性，倒不如说是被美好人性唤醒的海鸥的神奇灵性。更让我激动不已的是，在这美好人性与神奇灵性之间相通着的东西——人与自然的和谐与共融，原来是那样美好，如此动人！就这样，我确定了教学思路：要让学生通过语言文字领会情感，而不是靠大量的媒体手段刻意煽情；要让学生学会阅读的方法、写作的方法；要把理性的学习方法指导自然地融入到这篇情感性很强的文章阅读之中。

　　通过这次备课，我更加深刻地感受到了解文章写作背景、了解作家作品对学生来说是非常重要的学习方法，可是课堂时间有限，我想让学生在学完这篇课文之后再潜心回味，积累语言，恣意抒发自己的感受，这样会更有实效和价值。于是，我请邓老师为学生录了一段话，在课上播放给孩子们听，搭建了与作者真实对话的语言实践平台。课内外沟通，情动辞发，与作者进行心灵对话，也算是我在这节课上对学生学习方式的一个新尝试。

　　这节课后，学生纷纷在邓老师的博客中留言，有的学生写道："您写的这篇文章很感人！我和我的同学被这篇文章深深地感动了！我们的眼泪止不住地往下流。当您知道老人去世时，心里有没有过很遗憾的感觉呢？"有的学生对邓老师说："您好，我是毕老师的学生，不管我的留言能不能被您看到，我都要给您写。10 月 8 日，毕老师让我们听了您的留言，我觉得您说的是对的，虽然海鸥老人不在了，但像他这样的人还在，我们应该学习海鸥老人这种爱海鸥的情感。"还有的学生写道："邓老师，您好！我也是毕老师的学生。那天，我们听了您的录音，深有感触。没错，老人虽已去世，但我们在翠湖边仍能看到他的影子，像他这样平凡的人还有很多。海鸥老人孤独地躺在灵床上，像他生前的每个夜晚一样，但我知道海鸥老人是幸福的。万物有灵，那些小家伙们一定也在想念它们的老爷爷……"看到学生的留言，我既高兴又感动，觉得在这节课上我和学生的收获太多了，这比什么荣誉、什么等级都更有价值。我们真的很富有！

应该说，回过头来看，在我专业成长的每一步里，都蕴含着三个要素：对教育的热爱，学者和名师的指点，还有不断接受的磨炼。这三个要素为我后来的发展奠定了坚实的基础。

我的感悟：只有不断探索、求知，才能成为合格的教育者。

爱，就要阳光普照：漂流书箱的故事

2014 年，在西城区教育改革区划调整中，有两所小学并入我校，学校扩大办学规模，形成拥有两个校区、一个分校的一校三址新格局。

阅读课程作为我校的特色校本课程，如何融入集团校的课程体系，如何贴近集团校每一个学生，并迅速成为集团校每一个学生阅读生活的重要组成部分，伴随每一个学生的学习和生活，需要我这个语文教师、教学管理者认真思考、努力探索，并通过调整教学管理工作，为学生的阅读提供一种最佳方式。

那天我值周，清晨，我像以往一样在教学楼里巡视。一切都是那么井然有序，先到校的学生有的打扫教室卫生，有的整理学习用具，还有的已经开始了晨读。突然，几个学生的吵嚷声打破了校园的安静。循声而至，我发现是原某校四年级某班的三个学生来早了，正在教室里追着玩。看到我，他们立刻停了下来，回到自己的座位坐下，低着头偷偷地瞥我。多朴实的孩子啊，犯错后能立刻意识到并改正。既然孩子们意识到了，比起说服教育，巧妙地引导应该更润物无声。想到这儿，我对他们说："一日之计在于晨，早晨的时间多宝贵呀，你们到校后可以读读书。""我的语文书都读了好几遍了！"一个孩子小声嘟囔了一句。"哦，那你可以看其他书啊！"看我没有批评责备他们，孩子们胆子大了，一个说："我家里的书也都读过了！"另一个则说："爸爸妈妈每天忙着卖菜，没时间照顾小妹妹，就把我的书给妹妹当玩具，结果我仅有的那几本故事书都被不识字的小妹妹撕了……"

听了他们的话，我一时语塞，不知说什么好。回到办公室后，我陷入了沉思。以前我们的学生家庭条件都比较优渥，只是听家长抱怨孩子不爱看书，家里的藏书连翻都不翻一下，从没听说哪个孩子没有书看。如今，行走在同一个校园，孩子们的阅读环境却有如此大的差异。想到此，我的心里特别不是滋味。我们学校有丰富多彩的校本阅读课程，有充满童趣的图书阅读地点，作为语文教师和语文学科的管理者，面对集团化体制的出现，该如何迅速适应学生群体的变化？面对这些没有书看、缺少阅读方法、没有养成阅读习惯的孩子，我们该为他们做些什么？怎样让每一个学生都能多读书，读好书，提高阅读能力呢？

为了迅速改变这种局面，我决定用学校图书馆的藏书，给集团校的每一个班级配一个漂流书箱，定期更换里面的图书，使这个问题得到较好的解决。

在校长的大力支持下，我们把学校图书馆里新添置的一批装帧精美的图书，按照不同类别、不同年级进行搭配，再装到漂流书箱里分配到各个班。以四年级一个班的书箱为例，有童话类的《小狐狸买手套》《去年的树》《长袜子皮皮》，有小说类的《时代广场的蟋蟀》《夏洛的网》《查理和巧克力工厂》，还有科普类的《世界如此奇妙》《昆虫记》等等，而且每种图书都配了五至十本，有些书的数量甚至够全班每人一本。学生们见到了漂流书箱，兴奋地欢呼起来，争先恐后地借阅读书。漂流书箱极大地丰富了集团校班级的书源，让每一个孩子都能感受到阅读的快乐。

为了更好地创设阅读氛围，激发阅读兴趣，培养阅读习惯，学校还在教学楼每层休息区的墙上安装一些五颜六色的小格子，里面摆放图书馆的藏书。仅其中一个校区的两个教学楼就安装了 10 处漂流书箱。一个个小格子就是一个个漂流书箱，它们像流动的小小图书馆，具有三个功能：一是满足师生借阅的需求；二是供大家休息时随手翻阅；三是成为学校自由阅读课的课程资源。小小的漂流书箱，成为了校园里亮丽的风景。休息时，孩子们迫不及待地到各个楼层的漂流书箱里去寻找自己感兴趣的书籍，读得津津有味。

同时，我带领所有的语文老师开展校本教研，强调对每一位学生进行阅读习惯培养，并利用"课例阅读课""阅读指导课"和"自由阅读课"这三门阅读课程与学生开展同读一本书活动，给学生潜移默化的熏陶感染。我指导老师们把漂流书箱的阅读内容，与语文教学、阅读与欣赏结合起来，使阅读课程发挥最大效益，全方位影响学生的阅读习惯，提高学生的阅读能力。

从那时起，漂流书箱让校园里的每个班级都散发出缕缕书香。每一个清晨、午休，每一节阅读指导课、自由阅读课，孩子们都沉浸在读书的快乐中，和故事中的主人公一起奔跑、跳跃，用心感受着书中的故事。漂流书箱伴随着每一个孩子的情感成长，或跌宕，或平缓，或欢乐，或忧伤……成为了他们的最好的伙伴！

我的感悟：教育不是灌输，而是满足学生精神成长的需求。

《可贵的沉默》是人教版小学语文教材中的一篇课文，讲述了在课堂上，老师抓住契机，引导孩子们懂得要感受爱、思考爱、表达爱。是啊，爱是一种神奇而伟大的力量，一种人人具有，人人无法抗拒，人人都渴望拥有的力量。在我们的教育之路上，需要用爱润泽心灵，恰如陶行知先生所言："要把教育和知识变成空气一样，弥漫于宇宙，洗荡于乾坤，普及众生，人人有得呼吸。"教育和知识如此，爱亦是如此。

李婷梅：与成长面对面

名师档案：李婷梅，成都市龙江路小学副校长，教育部"双名计划"（2022—2025）入选名师，四川省优秀共产党员，天府名师，四川省特级教师，四川省首届教书育人名师，所带班级获"全国优秀红领巾小社团"称号。

倾听生命拔节的声音，看到生命成长的年轮，不断领悟教师职业的价值和意义。路途上的每一束光、每一个温暖的瞬间，积蓄成一路向前的力量。

┃ 和心灵对话：从不可能走向可能 ┃

1993 年，18 岁的我满怀期待，走进成都市西一路小学，得到通知：学校缺体育老师，你一定能胜任。就这样，原本想当语文老师的我，分到了体育组。

第一次组织全校师生列队，刚喊出"立正"，学生就哄堂大笑。那时的我，略带稚气的声音，不够标准的口令，怎么看，也很难与体育老师联系起来。

第一节体育课，迎面走来一群六年级的大高个，小小的我瞬间淹没在人群中。稀稀拉拉的列队，吵吵嚷嚷的组合，让我的忐忑感瞬间拉满。

怎么办？对于中师生的我来说，这才是人生第一次大考啊！

语言没组织好，先用眼睛。我与学生拉开一步距离，从左看到右，从右看向左。几个来回，队伍中聪明的少数，快速拉动了大多数。

"很好！经观察，咱们班充满活力，个子蛮高，精神倍儿好，肯定都身怀绝技，展示展示？"待现场逐渐安静时，我笑着说。

静，不是一般的静。

"不要紧张嘛，'三人行，必有我师焉'！"我又笑着走动起来，从左看到右，从右看向左，直到与40余名同学都有了眼神交流。"大家都很内敛，那我们就来玩个游戏——点兵点将，点到谁，谁就获得毛遂自荐或者推荐他人的权利。"

40分钟的课，从我的紧张到学生的紧张，再到我们朋友般的友好，戏剧性的变化让我看见了写在儿童身上的纯粹，也看见了他们所具备的体育特长。

"没有教不好的学生，只有教不好的老师。"耳边响起中师老师的话，这一刻才真正懂得。

为了喊出像模像样的口号，就回家对着录音机，拿出学生时代练习普通话的方式反复练；要做示范动作，就请学生来做，尤其是调皮捣蛋的学生，往往越调皮的学生，肢体动作越协调。

循性而为，激趣有为。看似难啃的体育课，也上得有滋有味。再调皮的学生，也变"顺"了。

体育老师刚当得起劲，就接到新任务：学校一位老师生小孩，需要我接手当班主任、上语文课。

"这个班那么优秀，五年级换班主任和任课老师，学生和家长愿意接受我吗？"我打起了退堂鼓。

"体育老师你都当得下来，还有什么拿不下来的？"一边是校长的鼓励，一边是自己对高需求群体的恐惧。

以心换心，深耕课堂，总能看见光。最终，我接受了挑战，拾起了自己曾经深爱的语文课堂和班级管理工作。

因为年龄小、经验少，问题一个接着一个。解决纠纷、对话家长、成绩提升……闯进了白加黑的生活日常。

阳光爬上窗棂，寻一份静，捧一本书，清风徐来……

教育为何？教育何为？一个个问题，随着书页的翻动而闪现；一个个答案，随着光点的跃动而逐渐清晰。

育人先育心，育心先聚力。为了培育具有幸福感的儿童，使其获得终身幸福的能力，我向全体家长和学生提出了"塑阳光团队，育阳光品质"的班级建设理念，探索"家、校、社"协同育人的有效路径，策划开展"放飞希望""畅想未来""蓝天下共成长"等寓教于乐的实践活动，将阳光引进孩子的心田。一个父母离异的小女孩，在日记中这样写道："走在泥泞的路上，我不断地想起小伙伴的笑容，想起我们一起说过的话、做过的事。我想，我并不孤单……"

心近了，行还会远吗？

在凝心聚力的同时，我开始研读大量的课改文章，并在自己的一亩三分地里展开实践，将启发式、探究式等教学方式引入课堂，培养学生的交流合作、实践探究能力。一段时间后，课堂越来越活跃，学生越来越投入，家长也越来越认可。

每一次成长，每一次从不可能走向可能，都缘起于"心"的感知与鼓舞。向着光，迎着风，和孩子一起奔跑、一起成长，结下我与儿童的一生情缘。

和文化对话：让精神照亮精神

2006年，我来到成都市龙江路小学。这是一所办学底蕴极为深厚的学校。早在20世纪60年代，袁丽华老师就以识字教学创新实践激起语文教育改革的浪花。改革开放初期，学校率先开展"愉快教育"，提出"乐园中育人"的理念，引领着当时的教改潮流。

"乐学乐教悦人悦己悦天下，善思善行知书知礼知古今"，入门入眼的校训如门前的濯濯锦江，滋养着悠悠南岸的"花园""乐园"。

走进这所文化底蕴深厚的"学园"，我发现每一位老师都"身怀绝技"，对自己的教学工作有着深入的思考和认识，尤其是对课堂教学研究、教学方式变革有着深深的"执念"。

一边探寻着愉快教育文化，一边和孩子在课堂上踏光而行的我，接到时任教导主任杨成兰的通知：完成第 10 届教学节的主题诠释和第一板块"光阴故事"的文稿撰写。

进入龙小教书是一回事，洞悉龙小文化是一回事。对于学校文化的把握，心里完全没有底。果然，第一稿出炉，不尽如人意。

接下来反复修改文稿的几个月里，一边是杨成兰的倾力相授，一边是大量的文本阅读。了解跟进当下的教学前沿信息，翻看《学校教育整体结构改革探索》《课改手记》《育人艺苑》《愉快教育课堂教学操作设计 100 例》等一系列承载着龙小愉快教育文化精髓的书籍，我开始慢慢理解教学节的意义和龙小文化中最鲜活的部分。

文化，是一代代前辈的精神映照，也是一代代新人的前进动能。正因为有了对学校文化快速而深刻的理解，才促成自己在教育教学工作中更加自信从容。

"担任教科室副主任，着力构建'乐悦课程'体系。"时任校长杨尚薇又交来一个重任。

那些日子，杨尚薇带着课程开发团队系统梳理学校课程发展的历程及特质，并向郝志军、项纯、杨颖东等中国教育科学研究院的专家请教，从宏观层面的课程建构讨论到微观操作的具体细节，课程的结构、内容在一遍遍的反复交流论证中渐渐清晰起来，我也从一开始的沉重变得轻松起来。

精神一定能照亮精神。我深深地知道，文化是课程建设的根脉，课程、课堂是文化的可视化体现。在课程体系整体框架中的课堂实践，是赓续文脉、传承精神、培育幸福学子的关键，需要我们用满满的爱心、耐心、细心和智慧去浇灌。

和问题对话：小问题撬动大课堂

怎样让自己的课堂天宽地阔，像磁石一样吸引孩子们探究的目光？

"逢到疑难当前，他们只想去弄明白，去应付，所以他们只管自己玩弄，抚摸，观察，试验，在成人看来也许觉得可笑，而他们却有无上的乐趣。"叶圣陶先生在《小学教育的改造》中的话语让我眼前一亮。引导学生疑中寻解、学中求乐、乐而好学，成为一方天地里最大的趣事。那时，我眼中的"学习"多了一抹亮丽的色彩，那便是儿童灿烂的笑颜。

茶圣陆羽在《茶经》中提出"山水上，江水中，井水下"。要想让自己的教学之源成为清亮甘美的山间活水，实践便是砥砺的追光之行。

以小问题撬动大课堂的教学蓝图，在我的眼前徐徐拉开。

为了解决学科课程教学点状化问题，我和团队一同开展"从课内走向课外的说明文群文阅读教学策略研究""群文阅读教学中培养小学生阅读素养的策略研究"等课题研究，通过课内外整合、单元整合两种路径，促进教学内容的有效融合。

为了解决学科育人价值挖掘不充分的问题，我带领团队以国家级课题"涵养小学生健全人格的整合性阅读教学研究"为抓手，纵向厘清小学 12 册教材"健全人格"要素脉络，横向厘清同一单元"健全人格"要素落点，从课内向课外延展，系统建构起"健全人格"课程培育体系，促进学生正确认识人与自我、人与社会及人与自然，形成幸福生活必备人格，有效促进了语文学科工具性与人文性的统一。2021 年 12 月，课题成果在《中国教育学刊》刊载。

为了进一步解决各个学科相对隔绝的教学样态，我带领团队以市级课题"素养导向的小学语文项目式学习实践研究"为载体，以多彩的生活为土壤，以真实的问题为抓手，和孩子们一同走进深层动机、高阶思维和实践创新协同运转的发现之旅。"探秘风筝""悦动桥之韵""花重锦官城""火锅攻略""蚕述"等有趣的项目学习活动，促进孩子们在自主、合作和探究性学习中，生成了自己的学习智慧，建构起综合的、网络化的知识体系和能力体系。2023 年 5 月，课题研究成果在中国教育学会、江苏省教育学会主办的"跨学科教学"课型研讨发布会上展示；同年 9 月，在全国愉快教育年会上交流。

在杨尚薇、张利美等学校领导的引领下，在朱爱华、唐婉、李松林、罗良建、甘雪梅等导师的帮助下，在十余项课题的探索与实践中，以"学习任务群"为驱动的深度学习实践，以更加开放的姿态呈现在我和孩子们的面前。

▎ 和梦想对话：照见未来共赴山海 ▎

"利万物而不争，纳百川而不止。"学校门前的悠悠南河，将一种特别的力量注入愉快教育的文化内核，滋养着学校里的每一位师者、学者。

身处其中的我，得其滋养，感其温暖，所以也把这份文化的传递看得格外珍贵。

怎样回应这一份份泛着粼粼波光的馈赠？

作为教育部"双名计划"（2022—2025）名师工作室、川渝"师带徒"名师工作室、成都市"常青树计划"第二届学术导师工作室、成都市第三区域教育联盟名师工作室及武侯区名师工作室等各级工作室领衔人，我与60余名骨干教师、青年教师结成专业成长共同体，常常为一个教育话题乐此不疲地探讨至深夜。

2024年的初春，为了进一步探索"跨学科主题学习"的有效路径，汇聚跨界的力量，我策划开展了"小学古诗跨学科主题学习"四川·江苏两地跨界研讨。随着春节八天假日的结束，我们从正月"雨水"的春之初，走向绚丽火热的仲夏。四个月的时光里，我和工作室老师以"梅""竹""家国情怀"三个主题为切口，探讨"古诗跨学科主题学习"的设计与实施。

从团队的全员研讨，到小组的聚点研究，我们开启了"白+黑"线上线下混合研讨模式。对于都是学校骨干教师的工作室成员而言，这无疑是在保质保量完成学校教育教学工作任务之上的叠加。然而，每每华灯初上至凌晨星光闪耀，老师们都不知疲倦地融入到学习与研究之中。从七嘴八舌的各抒己见，到面红耳赤的针锋相对，再到豁然开朗的心意相通，我们想在一起、干在一起，累并快乐着，也收获着。

不是有了同行者才上路，而是因为在路上才有同行者。在灯火阑珊的研讨中，在有问必答、有惑必解的日常生活中，工作室的一位老师发出这样的感慨："李婷梅老师在教学上的精湛技艺和深厚的教育理论素养、作为党员的高标准要求都让我深感敬佩。有时候李老师像孩子一样，对我们教育领域新的事物充满了好奇心，她也愿意身先士卒，带领我们去探索。在她的鼓励和支持下，我有幸在第12届全国中小学创新课堂教学实践观摩活动中获得一等奖。"

"水本无华，相荡乃生涟漪。"一个又一个沐光而行、共赴山海的日子，都是心灵的交响、生命的歌唱。这歌唱，不在于惊天动地的波澜壮阔，而在于那些细小波纹中所蕴含的智慧与温暖。这智慧与温暖，像一束光，照见稚嫩的梦想，照见壮阔的山海，也照见美好教育的未来。

第二辑

初心的坚守

陈金华：朝着育人的归宿处奋力行进

名师档案： 陈金华，北京市特级教师，正高级教师，北京教育学院丰台分院教研员，教育部"双名计划"（2022—2025）入选名师，中国教育电视台《同上一堂课》主讲教师。

自 1995 年毕业至今，我已从教 30 年。

做有思想的老师，教有思考的语文，行有智慧的教育，是我一直努力的方向。

回望过去，我最深的感悟是：让成长一直在路上，做有境界的教师，朝着育人的归宿处奋力行进。

不断学习，不断励进

母校江西省大余县内良中学是我任教的起始处。

内良中学是所乡镇中学，偏远闭塞，条件简陋，开门是山，开窗见田，与我就读时比没有多大的变化。每日工作之余没有什么娱乐，如何度过教学的暇余，就成为一个现实问题。因此，晚上我最重要的事是在卧室兼办公室的白炽灯下阅读。我读外国文学作品，读中国古代、现代和当代文学作品，读政治、经济和管理类的书籍，还读自学考试的教材。闲时读书，静时积淀，我没有浪费多少时光。阅读，让我重获了心灵的舒适与酣畅。如今，曾经读过的书，有些已淡忘，有些则已融入我的生命。

八年的乡镇中学教学让我对教学有了一定的认识。2003年，我有幸被选调到全县内唯一的省重点中学——江西省大余中学任教。在大余中学的 9 年里，我遇见了许多良师益友，也第一次踏上了我专业成长的"快车道"。在那里，我除了认真教学，还先后执教了一些公开课，获得了一些奖励，主持了几个课题研究，继续阅读了一些教育教学方面的书籍，发表了一些阅读与写作方面的研究成果，促进了许多学生的发展。在教研并举、行思合一的路上，我逐步成长为县、市骨干教师，并于 2009 年下半年被选拔到江西师范大学参加了江西省首批"国培班"近半年的研修学习。反复的实践、学习与反思，让我对学高为师、行为世范、勤学笃行、因材施教、求实创新等有了更深的体悟与认识。学习，丰盈了我的知识；实践，提升了我的能力；思考，提升了我的教学境界；研究，铺就了我的专业进阶之路。2010 年 3 月，我成为了江西省首批中小学骨干教师；2011 年 8 月，我又获评为江西省特级教师。

2012 年 8 月底，我以人才引进的方式来到北京，投身于北京丰台教育，加入到北京丰台二中大家庭。到北京后，对我来说，最大的挑战是环境的变化，包括工作生活和教育教学文化理念环境的双重变化。我认识到，北京的高中教学既要保证高考质量，又注重素质教育。于是，我结合市、区和学校的教学特点，以整本书阅读教学为着力点，把"读写融通，读写共进"作为教学的发力点。此后，我结合自己的研究基础，阅读了许多阅读课程开发、文本解读、写作教学和教学策略方面的著作。之后，我以阅读为抓手，读写结合，设计了系列课程，辅之以实践性和拓展性活动。这样实践下来，既保证了学生成绩的提高，又为学生提供了更多的语文实践，在夯实基础的同时，也提升了语文学习的兴趣。

经过几年的实践与调整，我从教学场域中跳出来，以旁观的视角对自己在教学场域中的活动及经验进行审视与反思，逐渐形成一个相对稳定的问题域。我尝试寻找新的路径或策略，以破解制约自身成长与发展的问题。经过思考分析，我认识到：如果要进一步更新教育教学理念，转变教育教学方式，提升课程开发与设计能力，甚至要在学科某一领域有所突破，需要到更高的平台或专门院校再学习、再提升。为此，在 2019 年 6 月，我通过遴选，进入了由北京市教育委员会和首都师范大学教师教育学院举办的三年制研修班——"北京市中小学特级教师高级研修班"，与北京市基础教育界另外 19 位优秀的同行，进行了三年多不间断的研修学习。其间，在首都师范大学教师教育学院张彬福教授、苏尚锋教授、孙素英教授和团队其他专家的悉心指导、帮助下，我第二次驶上了专业成长的"快车道"，进一步打开了学术视野，更新了学术理念，强化了学术训练，贯彻了学术规范，提升了引领能力，尤其在整本书阅读领域用力最多，收获最丰。

行走在教育的路上，我常常思考：教育的归宿是什么？我要做个怎样的教师？

我认为，学生是有血有肉、有情有思的人，教育的归宿在于以学生为本，立德树人，帮助学生健全人格，健全生活观、人生观和价值观，激发和引导学生的自我发展。我要努力做学生成长的奠基者和助力者，做学生智慧发展的激发者，做学生思想成长的促进者，做学生成长的引路人。为更好地服务广大学生成长，我主持特级教师工作室，教研并举、行思合一，如琢如磨，开发整本书阅读课程，发表了十余篇整本书阅读研究文章，出版了专著《〈平凡的世界〉名师导读》；开发写作教学课程和高考备考精品阅读课程，并应中国教育电视台的邀请录制了 15 节课，全国展播，助力了广大师生的教与学。

2022 年下半年，我入选教育部"双名计划"（2022—2025），非常荣幸地成为国家级教学名师培养对象，进入北京师范大学培养基地进行研修学习。自此，我第三次踏上了专业成长的"快车道"。这期间，在北京师范大学朱旭东教授、王立军教授、宋萑教授、胡艳教授、袁丽教授、黄嘉莉教授、廖伟副教授等团队专家的指导下，在侯淑晶老师、邹静老师的帮助下，我围绕"有教育使命""有教育情怀""有教育思想""有创新精神""有示范引领作用"和"德育领导力""理论创生力""教育领导力""组织领导力""教师教育领导力"

等"五有五力"，将实践与理论深度融合，由思考学科教学，转向思考教育发展。我围绕教育哲学、教育心理学、质性研究、教育田野调查研究和创新人才培养等理论知识，进行了丰富的拓展阅读，努力汲取教师专业发展、课程建设和教学、深度学习、可见的学习、作业科学设计、课题研究等实践性知识，努力做有扎实学识的教师，并努力在教学中实践尝试。同时，我持续聚焦教育教学问题，思考语文本质和教学规律，研究学生学习规律，为专业素养的进阶发展和凝练育人思想做准备。

在教师教育学正式列为教育学二级学科的背景下，在"五有五力"的进阶之路上，我也正由学生教育教学之师，向教师教育者转型。为此，在我担任教育部"双名计划"（2022—2025）名师工作室主持人时，我和团队教师继续以教研并举、行思合一为理念，以进德精业、立己达人为团队指导思想，聚集团队的智慧和力量，行走在教育大道上：持续撰写中学整本书阅读系列课程导读或专题文章，为中学生的整本书阅读搭桥铺路；开发了高中写作教学系列课程，发表了十余篇写作升格指导文章或教学案例；出版了个人专著《从设计到评价——整本书阅读教学的研究与实践》，主编出版了与统编版高中新教材配套的三册读写融通课程用书《创新作文同步全练》；研究教学评价，摸索教育教学规律，探索科学高效的教学方法，朝着育人的归宿处奋力行进，并甘之如饴。

从业境界，持续提升

教师的从业境界，我认为大致可分职业、事业、专业、志业四个重要阶段。

在不同的阶段，从业性质和境界是不同的。职业，是谋生的手段；事业，注重对社会发展的影响；专业，体现个人的兴趣、情怀、能力与责任感、使命感的高度统一；志业，体现的是以教育为自己终身矢志不渝的人生追求，体现的是个人价值实现与为社会责任、民族使命忘我付出的完美统一。职业的境界在于"勤"，事业的境界在于"敬"，专业的境界在于"乐"，志业的境界在于"忘我"或"无我"。

坦率地说，我曾经是把教师当作职业的。入职初年，我没有新教师的踌躇满志、意气风发。做教师，我虽无特别的抵触，但也没有明确的愿景和更高的追求。犹记甫到母校任教，我本想教数学，但因我升学时的语文成绩非常好，学校语文教师又短缺，最终我听取校长意见，教了初中语文。从教的前几年，我没有充分认识到教育教学的重要性，虽然也较勤勉，但上的课，包括成绩，都不大好，可以归入平庸。虽然看起来我的教学节奏、课堂互动等方面还不错，其实里面隐藏着很多问题。在那时，我曾不止一次想，如果有机会的话，我要转行，离开这个一辈子能看到头的职业。现在回想起来，入职前几年的我，虽跳出了"农"门，但教语文做老师，于我而言至多只能算是谋生的职业。值得庆幸的是，我在这个阶段停留的时间很短，没有浪费过多的青春岁月，没有耽误太多可用来努力的时光。

余映潮老师说:"教师事业有成离不开的十个字是敬业、环境、毅力、智慧、学问。""敬业"排在了第一位。朱熹主张"敬者,主一无适之谓",是说凡做一件事,就忠于一件事,精力集中,心无旁骛,便是敬。作为教师,其言其行,每次教学,都会对他人或社会产生影响,不可轻视。就拿备课来说,我主张"一课多备"。一是"素备",在不借助参考资源的情况下,根据自己对教材的理解,拿出初备教学设计。二是"精备",在阅读丰富的教学辅助资料后,结合学情,在"素备"基础上撰写成熟的方案。三是"深备",在教学后,根据课堂实际调整学习目标、内容重点、教学策略、评价策略等,形成三案。最后是"复备",在"深备"基础上,根据不同教学班的教学情况、借助不同的资源、采取不同的策略方法,将方案设计进行再打磨,以追求更佳的教学效益。"一课多备"可以使教师对教学的体悟深一层,明白教师备课和了解学情的重要性,捋清教学预设和学生需求的关系,做到备课的侧重点、目标点、起始点等能够跟学生发展紧密联系。这样,教师才可能在课堂上更多地关注学生听课状态,关注个性化的反应,灵活作出调整。虽然"一课多备"只是教师从业状态的一个缩影,但我认为,这便体现了"主一无适"的"敬"。

专业,源于对教育教学价值的强烈认同,源于对激发和引导学生自我发展的强烈责任感和立德树人的使命感,并将之视为人生价值实现和超越的依托。"乐"是"敬"的升华,其动力源是持续的"热爱"。一位专业的语文教师，一定是对所从事的学科无比热爱的人，他会站在学生发展的方向看语文教育，站在语文教育的高度看语文课程，站在语文课程的立场看语文教学，站在语文教学的视角看每一节语文课，并且始终立足于每一节课，观照和评价学生的发展，同时追求学生语文学习方法的获得和自我构建能力的提升，努力让学生在语言运用、思维品质、审美境界和人文精神等方面得到有效发展。专业的语文教师是因热爱而"乐"学的教师：明了教育教学规律，善用学习规律，懂得学生内心想法和学习需求，并作出有效回应。北京师范大学朱旭东教授说"教师的全专业属性"重要内容之一就是"教会学生学习"，我认为，这点最重要的体现是教师自身"会学习"且"慧学习"，教学上"会教"且"慧教"，促进学生"会学"且"慧学"。专业的语文教师是"乐"教的教师：热爱学生，乐于教学，科学引导学生懂学习之道，会学习之法，学会学习语文，进而学会学习。

优秀的教师，品行完善，治学勤苦，思想深刻，乐教爱生，自我超越。叶圣陶在《教育与人生》中说，教师要"以教育认识自己""以教育革新自己""以教育成就自己"。苏霍姆林斯基说："如果一个人热爱自己所从事的劳动，他一定会竭尽全力使其劳动过程和劳动成果充满美好的东西。"教师从业境界之"乐"的奥秘就在两位教育家的话中。我将教师从业之"乐"概括为六点：一乐接续文明，立德树人；二乐知书明理，得人尊敬；三乐乐业爱生，生活安宁；四乐因材施教，启智润心；五乐崇德精业，自我超越；六乐良知不灭，生命常青。

作为教师，我认为"教而不研则浅，研而不教则空"，应做到"教与研并举，行与思合一"；教育教学要讲求高度、深度、广度、精度、气度和温度。爱默生曾说："专注、热爱、全心贯注于你所期望的事物上，必有收获。"为此，我自我励进，"走一步，再走一步"，步步走稳，步步向前——热爱是力量泉源，"耐力是一种智慧"，此言得之！

教师从业的最高境界是"忘我"或"无我"，即志业。志者，志向、信念、信仰之谓。志业，是在事业的"敬"和专业的"乐"之境界上的最高升华。达到志业"忘我"的境界，教师会为国家和民族的教育做到不计得失、无私忘我地付出而不察觉，将之视为自然而然。这是一种极崇高的教育信仰和家国情怀。以教育为志业，并为之不断实践和努力的教师，是当之无愧的教育家。志业境界的核心要义，与"心有大我、至诚报国的理想信念""胸怀天下、以文化人的弘道追求"的教育家精神是相通的。

人民教育家于漪老师说："做一辈子教师，一辈子学做教师。"在新时代下，教师应当敬业、专业，臻于"乐"境，并努力朝向"忘我""无我"之境，在教育生活中收获更多的成就感和幸福感，为民、为社会、为国家的教育事业做更多有益的事情。

凝练思想，传帮带引

一个人缺钙是站不住的，而思想学识是教师的精神之"钙"，是一位教师能否站立并有所发展的关键因素。

回顾我的从教之路，大致经历了从追求教学成绩、教学竞赛与教研写作，到逐步关注自身教学特色，思考语文教学本质和规律，再到凝练教育教学主张这几个阶段。我牢记江西省大余中学张芳芳校长在我调入北京时的告诫："要早日形成自己的教学理念或教育思想。"我谨记首都师范大学张彬福教授的良言："一要努力提高主观能动性，要坐得住、听（读）得进、想得通。二要时刻准备'三个斗争'：与繁忙作斗争；与畏难情绪作斗争；与懒惰作斗争。"我总想起北京教育学院丰台分院管然荣兄的为人和治学信条："苦修德智，甘做桥梯。""多思考点问题，多解决点问题。"还常记起北京丰台二中何石明校长的提醒："要从教学的视角思考教育，从教育的视角思考教学。"更从著名特级教师王俊鸣先生"作为语文教师，要使学生更聪明""语文教学要让学生获得语文智慧"的思想中汲取营养。一直以来，我得到了众多师友的鼓励和鞭策，这些都让我铭记于心。

近十多年来，我在整本书阅读、写作教学和大单元教学等领域用力较多，在这些教育教学实践中，我持续思考、探寻教育之本、学科本质和学科规律，持续完善自己的教育教学路径、策略和方法。我以整本书阅读教学为例来简说。2012 年至 2017 年前半年是自觉实践探索的阶段。这个阶段里，我将整本书阅读作为课程建设的重要内容，进行了许多实践摸索，积累了一些整本书阅读与教学的经验，对整本书阅读也有了一些更切近课程本质、学科性质的思考和认识。2017年后半年至今是走向理性认知的阶段。随着高中语文新课程标准的颁布，国家从顶层设计的高度将"整本书阅读与研讨"设置为语文课程的重要内容。这一阶段，我以自己主持的北京市"十三五"教育科学规划课题为依托，经过多年探索，在整本书阅读的理性认知、实践方略、课程开发与实施以及教学评价等方面，取得了一些成果，发表在《中学语文教学》《语文建设》等核心刊物上，并出版了个人专著《从设计到评价——整本书阅读教学的研究与实践》。

近十多年来，我逐步凝练自己的语文教育教学主张，这是一个艰难而富有挑战的过程。现在，我基本形成了以"慧语文"为核心的教育教学主张，即"学生为本，行思合一，智慧教育"的育人理念和"素养为核，读写共进，智慧教学"的教学观点。"慧语文"是以学生为本，以学为中心，以素养为核，遵循语文学习规律，选取智慧的教学路径、策略和方法，本、道、技一体，"教学评一致"，科学落实语文育人目标的主张。"慧语文"是体现了语文课程工具性和人文性相统一为基本特点的教育教学主张，也是以语文课程综合性和实践性相融合为基本特性的教育教学主张。自任教于北京丰台二中至今，我一直致力于这一教育教学主张统领下的语文课程建设和语文教学策略方法的探索，并乐在其中。

在"慧语文"教育教学主张认知视角下，我对语文教育教学的本、道、技有了一些认识，并逐渐懂得：理想的教育教学是智慧的，是本、道、技统一的。本，即学科之本和育人之本。语文教育教学之本是以培养全面发展的人为根本，以学生的积极发展为根本。道，即学科知识、能力体系、育人规律等，比如，语文教学就需遵循知能相济、读写相通、语思相辅、学用相成等学习规律。技，即育人方法，包括学科路径、学科策略等。

在长期的教育教学行与思中，我逐渐明白：语文智慧教学是以学科育人，应"双轨"前驱，经由"六点"，通达"六境"，实现学科育人目标，实现立德树人根本任务。"双轨"，即语文学科的慧阅读和慧写作。"六点"，即以语文课程为基点，以学情为起点，以指向语文核心知识的基本问题为切入点，以学习情境为触发点，以学习任务或活动为支撑点，以学科核心素养发展为落脚点。"六境"，即广、准、实、活、深、新。广，即广博，指课程内容力求取材广博、内容丰富；准，即精准、精确，既指学生语言理解的正确和准确，更指向运用的精准和精确；实，即指教师教学功底厚实，课程教学内容丰实，课堂教学师生互动真实，学生知识积累、能力训练和素养提升过程扎实，教学评价过程与效果诚实等；活，即学情调研方法灵活，教学内容选择鲜活，教学环节设计智慧，教学任务与活动实施敏活，成果评价方式科学灵活；深，指学习目标立意深远，任务活动设计用意深广，文本意涵开掘深厚，师生教学互动对话精深，学生能力与素养发展深阔等；新，即教育教学方法新，教学切入视角新，任务与活动设计新，评价理念和实施策略新等。

语文智慧教学的策略方法是以科学的学生观、课程观、教学观、发展观和评价观为基础的，在教的层面突出智慧教学设计，激活智慧主体学习，引导智慧教学生成，关注智慧教学评价，萃取智慧检视反思，在学的立场采取对话法、问题法、变通法、冲突法、发现法和情境法等多种方法。语文智慧教学的策略方法是智慧平衡的：是师与生的智慧与平衡，是赏与析的智慧与平衡，是导与练的智慧与平衡，是张与弛的智慧与平衡，是思与探的智慧与平衡，是"教学评"的智慧与平衡……

理想的智慧的教育教学是顺应"道"、活用"技"，存乎一心，并且循"本"而行的。

积极贡献教育教学智慧，是我教育教学主张的重要方面。我先后有几十次国家级、省级教学展示、分享或教育帮扶，其中有北京市"空中课堂"视频课，有全市同课异构现场观摩课，有首都师范大学京内外教师培训项目的分享课，有中国教育电视台《同上一堂课》栏目的全国公开课，以及参与北京师范大学在贵州省贫困区县的教育帮扶与指导等。这些不同层级、不同形式的教育教学展示、分享或教育帮扶，既促进了自身发展，也向全国师生贡献了我对教育教学的思考与认识。

传、帮、带、引，让教育教学智慧辐射更宽更广，这也是我教育教学主张的重要内涵。为此，我尝试构建"学—教—研—领（培）"一体的教师教育框架，通过主持工作室、任务驱动或项目牵引，带领团队研究教育教学，进行课程建设和课题研究；我受聘为北京师范大学教育学部实践导师，多年受聘为首都师范大学硕士生特聘导师、文学院授课教师和硕士研究生毕业论文评审专家，积极参与培养未来青年教师的工作；我受聘为丰台区兼职教研员和命题库专家，长期承担相应的试题命制、辅导讲座等工作，宣讲一些语文教学认识，分享一些具体做法；我师徒结对多位青年教师，长期给予他们指导和帮助。

工作室成员张海岩老师说："回头看这实实在在的行走轨迹，可以毫不夸张地说：在陈金华特级教师工作室中的成长，堪比参加工作以来的 20 年。"李盼老师说："行走的每一步，有所思，有所修，有所获。身为陈老师工作室的成员，我是充实的，是幸福的。"在传、帮、带、引中，我对进德修业和立己达人的精神内涵也有了更深的体悟。

期待在未来的日子里，在语文教育教学的路上，我能更科学、精准、全面地凝练和发展自己的教育教学主张，实践创新有突破，为语文教育教学贡献更多智慧，朝着育人的归宿处奋力前行，努力成为具有教育家精神的新时代为学、为事、为人的大先生。

吴妍：孩子梦想的播种者

名师档案：吴妍，重庆市特级教师，高级教师，教育部"双名计划"（2022—2025）入选名师，参与编写《小学课外阅读读本》《创客教育的校本实践》等书籍。提出"和思语文"教学主张，追求和美与共、灵思飞扬的课堂样态。

在我的记忆深处，那一张张天真无邪的笑脸，如同璀璨的星辰，照亮了我 27 年的教育旅程。我的心，始终与这些纯真的孩子们紧紧相连，他们的善良、好奇与无邪深深地触动着我、成就着我，让我立志成为一个有梦、有爱、修德、修能、向上、向善的师者。

▎ 儿时初梦育师心 ▎

儿时，慈祥的祖母指着我腿肚上的黑痣，用纯正的四川方音说："一痣至脚，长大教学，我大孙女将来是要做先生的！"那时满脸稚气的我虽不明白"先生"二字的深意，但那份迷蒙中的神秘与敬畏却深深烙印在心底。此后，与弟弟妹妹玩过家家，我总是兴致勃勃地扮演老师；课堂上，一有做小老师的机会，我便会全力争取；遇到喜欢的老师，我总在心底暗下决心，长大了要成为像他们一样的好老师。上初中后，语文老师那句"这位同学将来如果做语文老师，一定会是一位特别优秀的语文老师"更是如同火种，点燃了我心中梦想的火炬。

儿时的经历，使做老师的梦想深植我心，也让我在这美好的梦境中一步步走向憧憬中那个更美的自己，更好的老师！童年播下的为师之种，成为我一生不懈的追求和前行的动力。作为一名小学老师，我深知，童年梦想的启蒙往往会奠定一个人生命的底色，而我们，正是孩子梦想的播种者。

怀揣梦想，我仿佛拥有了无尽的力量。1994 年，我在激烈竞争中顺利考上了当地的师范学校。当时，国家对中师生提出"多能一专"的培养目标。为了心中的良师之梦，师范三年，我与同窗广泛涉猎各类书籍，从古今圣贤的智慧中汲取丰富的养分。那些教育大家，如夸美纽斯、杜威、卢梭、布鲁纳等，不断丰富和深化着我对教育的认知。而印象最为深刻的是教学基本功训练。为了练好普遍话，我们反复听录音，模仿诵读，导致声音经常嘶哑；课间，黑板前挤满练习简笔画的同学；每晚自习前的 20 分钟，班主任都会督促我们练字，三年从未间断。毕业国检时，我与多名同学代表全年级展示三笔字，备受赞誉。我无比怀念并感恩那段时光带来的滋养，让我在后来的教学与班主任工作中，凭借清晰表达和漂亮书写为教学添彩。在组织班级活动时，虽无专业艺术功底，却能因为各领域略懂一二而应对自如。这一切得益于师范三年的辛勤耕耘，更感恩时代赋予我们这一代中师生的特殊使命。

讲台筑梦强师艺

最好的教育方法与最美的教育艺术都产生于我们对教育无比热爱的炽热心灵中。德国教育学家福禄贝尔曾言："教育之道无他，唯有爱与榜样而已。"从教 27 年来，我始终践行爱的教育，以身作则，辛勤耕耘，在三尺讲台追寻我的良师之梦。

（1）做仁爱型教师。1997 年我初为人师，接手一年级。班上有个小女孩，常常目光呆滞地独坐角落，课堂上她也总是低着头，没有任何回应。课间，我想靠近她，她却瞪着惶恐的大眼睛跑开了。后来家访得知，这孩子父母离异，在她嗷嗷待哺时妈妈就弃她而去，爸爸长年在外，孩子一直由爷爷奶奶照看，我的心为之一振。从此，我经常为她辅导功课，与她一起读书、讲故事，给她梳小辫，帮她剪指甲，陪她过周末……每当她跨出一步，我都会不失时机地鼓励她，给予她力量。慢慢地，她喜欢笑了，话语也丰富起来，课堂上竟然能看到她高高举起的小手。我惊喜地发现，老师的爱真有一种神奇的魔力，能够叩响孩子的心灵之窗。从此，我把每个孩子都当作自己的孩子，用欣赏的眼光挖掘他们的潜力，发展他们的个性。我也从没忘记自己曾经也是个孩子，所以常常从孩子的视角看待他们的学习和生活，以朋友的身份进入他们的世界，与他们玩到一块儿，了解他们、呵护他们。就这样，我带出的学生一个个乐观向上、充满朝气与活力。我资助贫困学生，关爱留守学生、单亲家庭学生以及特殊学生，成为了远近闻名的爱心天使，先后被评为全校、全县、全市"优秀班主任""师德标兵"，当地电视台《榜样》栏目以及其他新闻媒体对我和孩子们的故事作了专题报道。

（2）做学习型教师。我从小喜爱语文，与孩子们一起学习语文更是乐趣无穷。我们一起听雨点说话，与流水嬉戏，陪小鸟歌唱，伴月儿入梦……语文让我们快乐，更让我们沉醉。但作为中师生，我总觉自己所学甚浅，唯恐耽误学生成长。于是把学习当作每日必修课，广泛阅读各类书籍，不断拓宽知识边界，提升专业素养。我还把阅读教育教学专著当作自己专业成长的"快车道"，如饥似渴地从国内外前辈的教育思想中汲取营养。为了培养学生的语文学习兴趣，我采用了斯宾塞的"快乐教育"理念，设计有趣的课堂活动，让学生在轻松愉快的氛围中学习。我也一直在践行陶行知先生的"生活教育理念"，引导学生观察生活中的语文现象，比如街头的广告标语、超市的促销文案等，让他们感受到语文在生活中无处不在，引导学生在生活中学习语文。这些教育家的思想如明灯照亮了我的教学之路，让我不断成长和进步。

为了上好课，我虚心向经验丰富的同行学习，一有机会就去听课，不仅听语文的，也听数学、自然、音体美的。与我搭档的数学老师课堂上严谨的逻辑思维、简洁的教学流程对我启发很大。我也常常把音乐欣赏课上动听动情的感觉融入语文课堂，让文学与音乐碰撞出美妙的艺术享受。我还将其他学科的优点融入语文课堂，生动巧妙地整合多种教学资源，极大地增强了语文课堂的趣味性与感染力。

（3）做实践型教师。"纸上得来终觉浅，绝知此事要躬行。"课堂实践是教师成长的必经之路。让我成长最快的就是上公开课。师范毕业前夕，见习回校，学校抽查学生试讲，我按捺不住即将成为老师的欣喜与激动，加上"初生牛犊不怕虎"的勇气，主动请缨。虽然当时试讲的内容已印象模糊，但指导老师的好评与夸赞却让我至今难忘。这次经历充分激发了我对课堂教学的热情。

入职以后，一有机会，我总会主动争取上公开课，我知道，只有把自己教学上的优势特别是问题暴露出来，准确诊断，才能有针对性地改进，实现真正的成长。印象最深刻的是刚上讲台两个月的一节语文课，区里的一位老教研员悄悄听完我的课。他肯定了我对教材的解读和教学活动的组织，还递给我一台小巧的录音机，说："回去反复听听，一定会有更多收获。"那是我第一次聆听自己的教学实录，我发现语速过快、口头禅多、没给学生展示机会等诸多问题。从那以后，我常常把自己的课录下来反复听，在自我审视与反思中不断修正，提高课堂教学水平。我参加了大大小小的各级赛课，一次又一次的磨课活动，让我的理念越磨越新、设计越磨越精、语言越磨越准、方法越磨越活，课磨的不仅是技能，更是心性。我连续两届参加四川省巴中市小学语文年会中青年教师优质课竞赛均获得一等奖，2013年在四川省名师培训赛课活动中获一等奖。我所教班级语文学科成绩在全县统考中总是名列前茅。2011年、2018年，我所教毕业班级的语文及品德与生活学科同时获全县教学成果显著奖。

教研协同循师道

对语文的热爱让我快乐地奔跑在语文教学的道路上，乐此不疲。在一次次赛课活动中，我不断历练、不断成长、不断成熟，也引发了我对语文教学的深入思考，开始在教育科研的道路上探寻语文教学的本质与规律。

（1）"以读导学"开启课堂教学新模式。长期一线教学中，我发现语文教学存在繁琐分析和串讲的问题，导致孩子们自主听说读写训练减少，学习兴趣丧失，自主思考与发现的能力不足。为此，我提出了"以读导学"的教学理念，总结出阅读教学五阶法，通过预读、粗读、精读、品读、回读，引领学生在阅读过程中质疑、探究、欣赏、发现、感悟、成长，全面提升阅读的深度与效度，让全体学生参与课堂活动的每一个环节。我还把经典诵读引入语文教学，开展"每天一句""每周一诗"经典诵读活动，利用每天语文课前诵读速记，早读课上熟读成诵。小学六年，学生背诵《三字经》《弟子规》《千字文》《千家诗》《增广贤文》《声律启蒙》等大量经典读本及诗文。"种瓜得瓜，种豆得豆"，我在小学阶段致力于培养学生浓厚的语文学习兴趣，培养他们的语感，播下经典文化的种子，为他们的终身语文学习与运用奠定基础。我所教的学生深受学校和社会好评。同期主研的课题"小学生课外阅读的设计与组织"分别获得四川省教科所教学成果二等奖，巴中市人民政府第三届普教教学成果二等奖。我把自己研究过程中的心得与体会记录下来，多篇论文在省、市、县获奖并在各级刊物发表。《情为先导　读中悟文》《快乐语文　读占鳌头》《让读唱响语文教学的主旋律》《读出快乐　读出百味》等文章是我在这一研究阶段教学思想与成果的集中体现，我还积极参与主编了学校的科技教材、养成教育教材及课外阅读校本教材。教学研究的过程让我学会了以更加敏锐的眼光去发现与思考教学中的真问题，不断更新自己的教学理念，不断反思调整自己的课堂样态，不断总结与提炼语文教学的规律。我很快被评为四川省巴中市"教育科研先进个人"，并快速成长为四川省省级骨干教师和四川省教学名师。

（2）"炫彩课堂"开辟课堂教学新路径。随着 2011 年新一轮课程改革的不断深入，"以人为本，促进每一位学生全面发展"的素质教育理念深入人心。如何优化自己的课堂结构，让每一个孩子都能张扬个性，绽放光彩？我开始研究"炫彩课堂"，在"以读导学"的"五阶段阅读"的基础上构建了"导学评一体"的现代教学模式，利用任务导向、问题导向、活动导向等多种策略，促进学生的自主性学习，并通过多元化评价机制，激励思维炫彩绽放、高阶发展。这一阶段，我的文章《兴趣源于顽强的着迷》《找准心里的弦　调好教学的曲》《生命课堂的五开放》等在多个平台发表。我还参与了多种校本教材的编写。36岁那年，我荣幸地被评为四川省特级教师。

（3）"和思语文"提升语文教学新境界。2022年我入选教育部"双名计划"（2022—2025）名师培养对象，在西南大学基地系统学习教育教学理论，在导师指导下不断展示、分析、反思、研究自己的教学风格，提出了"和思语文"教学主张。这一主张以中国传统教育经典中"和易以思"的"善喻"教育观为理论支点，倡导以人为本，以思维发展为核心。"和"代表开放、包容的课堂生态环境，它鼓励人与人、人与自然、人与知识、人与社会的和谐共存。"思"则体现为一种积极主动、富有创造性的学习状态，鼓励学生在解决实际问题的过程中，发展深层次的思维能力。我通过营造和谐的课堂氛围、融合多元的教学内容、搭建有效的思维支架、构建多维的评价体系四大教学机制实践"和思语文"的教学思想，提出"三导三学"教学法，通过情境导向、任务导行、活动导学的三导策略唤醒学生潜能，激发学习动机，并引导学生通过"思维支架学法、自主体验学用、反思总结学评"的"三学"路径深化学习的过程，让学生在做中学、用中学，实现语文学习由知识传授到素养提升的转变。围绕这一教学主张，我以课题为抓手全面展开研究，主持和主研了"基于学生核心素养的小学语文教师教学能力评价研究""聚焦核心素养的小学生创意表达能力培育策略研究""智慧教育背景下小学教师信息化教学能力提升及评价机制研究"三个重庆市市级课题。我还以资源建设为纽带，带领团队积极开发"和思语文"教学主张统整下的创意表达课程。

辐射示范凝师魂

作为名师，应该心中有大爱，只有用自己的思想去影响更多的老师，才能让更多的孩子受益。

（1）与团队教师结伴同行。2004年，我担任学校语文教研组组长，带领团队进行"提高课堂教学有效性""小学作文起步教学""随课微写""单元整体备课""共享共研 以研促'减'""新课标背景下的单元整体教学"等专题研究并取得了一定的成绩。为了推广教学经验成果，多次在市、县、校上公开课、研究课，办专题讲座，指导青年教师，赴农村学校献课，深受好评，指导培养的青年教师多人获市、县讲课赛一等奖。我也在"骨干教师送课下乡"和"名师送教"活动中被评为先进个人。

（2）除了带领学校团队，我还通过名师工作室带领了一批又一批骨干教师成长。从学校到县级、市区级、省级，再到教育部"双名计划"（2022—2025）名师工作室，我指导跟班学习的教师达百余人次，指导培养各地工作室核心成员50余人。我们全心投入教研教改，学习前沿思想，更新教学理念，通过课堂研讨、读书分享、讲座论坛等活动服务区域教学教研，传播我们的教学思想。一批又一批青年教师在工作室快速成长起来，成为省、市教学骨干力量。在指导老师们的过程中，我更多的是在倒逼自己，反哺自己的成长，我的教学思想与教学主张在这个过程中逐渐形成。看到自己的教学理念在老师们的教育教学道路上留下痕迹，让越来越多的孩子受益，我感到无比欣慰与幸福。这样的经历，让我理解了什么叫奉献，也学会了以奉献的方式表达热爱。

（3）与课程改革一起成长。新课改把我推到了小学语文教改前沿，为了深入理解、研究、践行最前沿的教学理念，我组织学校语文骨干教师及名师工作室老师投身教育科研，以课题研究为抓手，全面推行教育教学改革，并通过骨干教师"送课下乡"活动及"名师送教"活动，助推区域课程改革。我的教学思想在这个过程中不断锤炼，课题成果多次获奖。

2019 年，小学语文统编教材全面使用，我带领团队成员开展"单元整体教学研究"，成效显著，论文《单元入手集体备课的尝试与思考》在重庆市第十六届基础教育课程改革论文征评活动中荣获一等奖，我们的教研成果在全区推广。

"双减"政策出台，我带领团队开展校本教研，通过课堂提质和作业优化助推"双减"落地。我们的研究成果成为区域样本，我也在全区教学会上作了《共享共研 以研促"减"》的专题交流。我们团队的单元作业设计在重庆市基础教育作业设计评选活动中获评"精品作业设计"。新课程标准颁发，我们全面卷入新一轮课程改革，在区域教研机构的组织引领下，我们团队的研究成果《落实单元整体教学 实现课程统整育人》在全区小学语文教师培训活动中展示推广。我们追求从单元整体入手，通过主题统整的真实任务设计，实现从内容单元到任务单元的突破，让学生在积极的、真实的语文实践活动中学会合作、学会思考、学会解决问题，形成核心素养，从而实现从课程到育人的转变，这也是我们"和思语文"的价值追求。

心之所向，笃行将至；逐梦征途，星辰璀璨。教育于我，是生命的芬芳花园，是灵魂的温暖港湾，是永恒的炽热追求，是人生的崇高信仰。三尺讲台，不仅承载着我个人的幸福与快乐，更肩负着时代赋予教育者的神圣使命。在时代浪潮的奔涌中，唯有坚守教育初心，砥砺教学风范，播撒教育智慧之光，勇扛新时代教育大旗，与时代教育同频共振、携手共进，方能不负名师之"名"，不辱时代重托，共筑教育强国的辉煌未来！

周全中：一滴水的大海梦

名师档案：周全中，青海省特级教师，正高级教师，青海省海东市"1+4+N"教研平台语文学科首席，教育部"双名计划"（2022—2025）入选名师，"2021年度全国教书育人楷模候选人"。

　　昆仑山余脉拉脊山的北麓，有一条被称作"青海的母亲河"的湟水河缓缓流淌，百公里后汇入黄河，磅礴而去。每一滴水都有来意，每一朵浪花都有方向。

　　拉脊山腹地的浅山地区，山大沟深，卯梁纵横，但这里的每一片土地尽是铿锵。勤劳朴实的父辈们筚路蓝缕，默默耕耘，滋养了一代又一代的山里娃走出大山，投身时代洪流，成为国家栋梁。

　　小时候，我时常站在家乡的山梁，极目远眺，陷入沉思，但是站得高未必望得远。或许，换个视角，俯下身来，如同村庄外面的那条瞿昙河，浅吟低唱，蜿蜒而去，不弃贫瘠，不恋繁华，向着远方的大海日夜奔流，也可看尽千帆。

身为家中长子的我，背负了更多的责任与期望。1991年中师毕业被分配到青海省海东市乐都区桃红营学区山桃初级中学任教，特意用美术字书写了"生命不止，奋斗不息"八个字张贴在自己的宿舍，勉励自己。30多年来，耕读传家，勤奋进取，一路风雨，一路耕耘，心中有巅峰，脚下在攀登。

我，曾经给小学一年级到高三的12个年级上过课，负责过青海省"三江源"移民子弟语文教学和班主任工作，拥有小学、初中和高中教师资格证。

我，曾经两次转行到行政单位做文秘工作，也曾担任过乐都区教育局教研室主任。离开课堂的时光漫长煎熬，无课可上的日子痛苦难耐，三年后又毅然决然地回到了所神往的语文教学与班主任工作园地。

我，是人们眼中的"鸡蛋老师"，也是生于斯长于斯的"大山之子"。

┃ 斜晖脉脉水悠悠 ┃

上学时，学校离家比较远，我只能住在学校，父亲用骡子驮着行李送我。父亲是位木匠，中师毕业前，特意用自家的木材给我打造了一张实木写字台，像为出嫁的姑娘准备嫁妆一样精雕细琢。工作后，从学生变身老师，我以农村娃特有的朴实与厚道快速进入状态，那时的我风华正茂，踌躇满志，干劲十足。

工作不久，一位德高望重、饱读诗书的老教师到了荣休年龄，我们敲锣打鼓欢送他回家，从此他结束了那有悲有欢、风雨兼程的教师生涯。幸运的是，青年的我从中联想到了自己的未来，也萌生了诸多感触。我仿佛一眼望见了未来三四十年之后自己退休时的样子，也许和这位老教师差不多，弯腰驼背，燃尽一生，美名彰显，鞠躬尽瘁。但这样的形象我还是觉得心有不甘。我暗自下定决心，拼尽全力，忠诚于事业，关爱学生，在教育理论中探索，在教学实践中深耕，做魏书生、于永正那样人格高尚、专业能力高超的教师。如果我实现了，真是不虚此生，可喜可贺。如果没能如愿，平凡普通，淹没于茫茫人海之中，我也绝不后悔。因为在追逐梦想的道路上我曾追求过，努力过，全力以赴拼搏过。

　　源于这样一种顿悟，那一刻，命运的齿轮开始转动。作家斯蒂芬·茨威格在《人类的群星闪耀时》一书中说："一个人生命中最大的幸运，莫过于在他人生中途，即在他年富力强时发现了自己的人生使命。"诚哉斯言！

　　面对山乡孩子充满渴求的眼神，我很快感到中师所学捉襟见肘，底气不足。我果断订阅了《中国青年报》，即使一周送达一次，也非常新鲜。读报和收听中央人民广播电台相结合，"用最笨拙而又最科学的方法读书，最辛苦而又最有用的方法读书，最麻烦而又最精细的方法读书"（余映潮语），认认真真"啃"完每一期，作批注，抄笔记，连广告也要研究其创意。从此，拥有了资讯的源头活水，丰富的阅读素材，且紧跟时代，与时俱进。当年有一期《中国青年报》一篇题为"我每天都在向上攀登"的文章激励我奋斗了30多年，直到今天，我依然不断地向着卓越教师的方向努力攀登。

为了厚植文化底蕴，向下扎根，我和同事曾推行夜晚发愤研读《古文观止》《红楼梦》等经典著作制度。白天时间有限，我们凭借年轻和精力充沛的优势，向夜晚索取大量时间。每当夜深人静之时，也是我们沉浸书海、泛舟文字之机。我们以两个小时为一单元轮流学习或者休息，直到第二天清晨开启新工作。每一个清晨，我们又和学生一起在广阔的操场朗读背诵《古文观止》，用最传统、最原始的方式背诵其中的222篇文章，背诵《红楼梦》120回的标题。那段时光，颇有一副"发奋识遍天下字，立志读尽人间书"的冲天豪气，是名副其实的"孩儿王"。第二年，便在同事的影响下参加了青海师范大学汉语言文学专科学历函授学习，教学之余，全力阅读老师指定的古今中外经典名著。另外，也尝试参加各种教学比赛，任教第二年便在乐都教育局举办的初一年级课堂教学比赛中斩获一等奖，初露峥嵘。

"独学而无友，则孤陋而寡闻"，虽然说中师生的知识储备先天不足，后天可补，但碎片化学习很难形成体系。后来便又果断争取到赴西北师范大学参加汉语言文学本科脱产学习的机会，让自己拥有更多的学习伙伴。

从普通中师生到汉语言文学本科毕业，不仅实现了学历上的提升，更完善了知识体系，拓展了学科视野，涵育了综合素养，为后来从事初高中语文教学实践与学理研究奠定了坚实的基础。

与此同时，我遇到了教师成长道路上的贵人——全国教书育人楷模魏书生老师。1993 年，魏书生老师到青海讲学，我现场聆听了魏老师讲说明文《统筹方法》，还找到了魏老师在西宁讲授《死海不死》的录像带，我如获至宝，反复研究。如今的我惊讶于当年的毛头小伙对魏老师的课堂教学竟然那般走火入魔，像超级玩家赏玩自己的藏品一样，静下心来认真观看，仔细分析。魏老师的课堂教学张弛有度、深入浅出，极具亲和力和感染力。魏老师的渊博学识、儒雅气质和大师风范更令我佩服得五体投地。我不禁萌生了见贤思齐之决心，决心靠近魏书生老师，学习魏书生老师，终其一生努力成为魏老师一样的好老师。后来，还曾于 2004 年 8 月专程去山西太原聆听魏老师德育主题的讲座。

我努力靠近他，追随他，让自己也变成山乡孩子的一束光，立志做一名像他那样的好老师、好班主任。那时候，别人追歌星追影星追球星，我则追教书育人之星，追魏书生老师这位教育巨星。30 多年来，我每天仰望高峰，每天向上攀登。

魏书生老师说："做教师和班主任，人生将有三重收获：收获各类人才，收获真挚感情，收获创造性劳动成果。"听了魏老师的一席话，茅塞顿开，如沐春风。把魏老师的专著《班主任工作漫谈》《就这样当班主任》《教学工作漫谈》《家教漫谈》《乐在民主育人中》《语文教学探索》等纳入研读范围，把魏老师所作报告的光盘购买回来，反复观看，认真研究。魏书生老师将写日记称为"道德长跑"，深深地感动了我和我的学生。要心动，更要行动。从那时起，我就要求自己写日记，也鼓励学生写日记，一直坚持到现在，我个人日记写了30多年。

有位作家说的"在你和不可能之间，写作是唯一的"，在我身上得到了充分的验证。不是所有的坚持都有结果，但是总有一些坚持，能从一寸冰封的土地里，培育出十万朵怒放的蔷薇。坚持撰写教育教学日记深刻地改变了我，让我在教育教学的园地里持续深耕，渐入佳境。

┃ 目极无垠风雨秋 ┃

每一个孩子都是一座金矿，学生成长又是一项长期的系统工程，为了深入了解学生，走进学生心里，做到有教无类和有教有类的完美结合，我决定开启家访。

当时的家访，常常是把一个村庄所有不同年级的学生和家长集中在一个学生家里，十多位学生和他们的家长，加上三五位老师，共同召开一次家庭教育会议。这样的家访覆盖面广，工作效率高，但教师并没有真正走进每位学生物理空间上的"家"，也就无法走进学生心灵的"家"，无法看到孩子的成长环境、家庭背景，也难以兼顾学生个体问题。我看清个中弊端之后，主动选择一对一家访，一定要逐个走访每位孩子的家庭，看看托起孩子成长的一砖一瓦、一草一木，面对面和家长、学生真诚交流。无锡天一中学原校长沈茂德先生云："只有尊重差异，才有对人的真正尊重；只有尊重人，才有真正的教育。"我就想尊重孩子，就想用最朴素本真的方式方法与学生沟通。为了让学生看到师者的真诚与示范，首次家访我必带两瓶桔子罐头，桔子罐头是二三十年前青海河湟地区农村走亲访友的贵重礼品。教师带着礼品家访，本身就是一种感化，一种宣示。山桃初级中学是桃红营学区中心学校，覆盖面大，多数学生的家庭距离学校五六公里，远则八九公里。每天一放学就和学生一同出发，并肩而行，翻山越岭家访三五家，步行往返六七个小时是常有的事。归程必是披星戴月，往往深更半夜。深夜里行进在崎岖的山路上，伴以各种鸟叫虫鸣、犬吠狼嚎，那是孤勇者的征程，别样悲壮。为了给自己壮胆，我一边晃着手电光，一边吹着口哨或哼着歌曲，颇有"力拔山兮气盖世"的豪气。为了赶路，尽量抄近道走，一会儿上山下洼，一会儿蹚水过沟，如是磕磕绊绊、跌跌撞撞，有时多走了一两家，凌晨一两点才能返回学校休息……

后来，从山桃初级中学辗转来到乐都水磨营学校、乐都高级实验中学（现海东市第四中学），直至今天的海东市第一中学（原乐都一中），家访工作一直坚持，一边考察学生家庭，一边研究学生，引导学生既要仰望星空，又要脚踏实地。打最硬的仗，摘最亮的星。时代在更迭，家访的方式方法也要随之优化，今天更多的是电话和微信家访交流，调动家庭一切积极因素，为孩子成长与发展赋能。

2006 年 7 月，我第一次担任高三班主任，班里近一半学生是和我一样的山里娃，受地理条件限制，家庭条件普遍不好。看到孩子们学习压力大，营养又跟不上，我便做出了给住宿生每人每天煮一个鸡蛋的决定。为了每天能按时给住校生煮好鸡蛋，我每晚都要去附近超市购买鸡蛋，时间久了，超市工作人员和周围老百姓都认识了我，并亲切地叫我"鸡蛋老师"。有时候回家晚了，忘记买鸡蛋，只好从左邻右舍借几个，或者第二天去拉面店买几个，保证每天供应，不曾中断过一天。第一届高三学生毕业了，继续为下一届学生煮，一届又一届毕业生，我都坚持给他们煮鸡蛋、送鸡蛋。前前后后坚持为七届高三毕业生每天早晨供应一个熟鸡蛋。就这样，我彻彻底底地变成了"鸡蛋老师"。乐都南北两山的部分农村娃也吃着我和妻子煮的鸡蛋奔向全国各地的高等院校继续深造。2013 年，青海省教育厅还专门制作了《"鸡蛋老师"的爱》专题片在全省播出。

哲人云：教育就是一棵树摇动另一棵树，一朵云推动另一朵云，一个灵魂唤醒另一个灵魂。我这个"鸡蛋老师"也带出了不少"鸡蛋学生"。紧张备考的日子，时不时有学生悄悄告诉我："老师，明天的鸡蛋我来煮，您稍微轻松几天。""老师，我妈妈说，明天的鸡蛋她煮好，让我带给同学，我们也为班级做点事情。"此时的我心中充满了欣慰之情，为学生，也为自己。我想，这不正是最好的教育吗？真正的教育本就是一种影响，一种唤醒，一种点燃。

┃ 咬定青山不放松 ┃

诚如于漪老师所言："教师一个肩膀挑着学生的现在，另一个肩膀挑着祖国的未来。""师者，国之重器。"这就要求师者本身要有强大的进取心和内驱力，要有让世界观统领一切的远见与担当，要有"你怎样，国家就怎样；你怎样，中华民族就怎样"的认识与自觉。为此，要沉静地吃苦，板凳甘坐十年冷。

在专业成长的道路上，有着良好的起步无疑是幸运的。然而，教师成长绝不能满足于阶段性成功，而是要持之以恒地向着既定目标努力。朱永新老师说："阅读是教育的基石。一个人的精神发育史就是他的阅读史。"任教的 30 多年，我在培养阅读兴趣，提升阅读能力，推行"本真阅读、润心立人"教学主张方面可谓殚精竭虑，成效显著。

曾经在初中班级发起"一日一分钱"捐款购书活动，每天可募集五角多钱，一周就可购买一本作文选供班级学生轮流阅读。后来创办班级油印小报《小舟》，两周一期，用铁笔在蜡纸上刻写后印刷，人手一份。共编辑印刷了 21 期，每期组稿、刻写、印刷要花十多个小时，印刷后还邮寄给本县的部分学校。记得本县第六中学初一（2）班收到我们的《小舟》油印小报后，也寄来了他们创办的手抄报《一叶》，寓意"一叶小舟闯大海"，多么美好的憧憬。

2004 年，调入海东一中后，为了助力高中生实现"海量阅读"目标，培养终身阅读者、负责任的表达者和有美感的生活者，我先后创办了《芳草地》《面面观》《新华文摘》等文摘类阅读资料，供学生阅读。17年坚持不懈，风雨无阻，所带的十届高中学生从中受益。2018年3月从区教育局教研室返回一中后，开始编辑《阅读芳草地》，近六年累计印刷200期，成为一周一期的文摘类时文阅读材料。从新华网、人民网、学习强国等平台下载文质兼美作品，一周一期，每期B4纸10页，约16000千字。班级学生每天阅读两页（约3000字），每周再安排45分钟时间供学生阅读第二遍，并摘抄和识记。通过这样的课程化落实，努力让先进文化和时代精神充盈学生的生活空间。在持续深度阅读中，《阅读芳草地》给孩子们带来了文化上的熏陶、精神上的砥砺和心灵上的成长。学生有了一定的积累，便对弘扬主旋律、紧贴时代脉搏的高品质文章产生了浓厚的兴趣，强化了深度阅读习惯，在"本真阅读，润心立人"方面做出了可贵的尝试和探索。最重要的是，靠自己读书成长起来的学生，不但结实，而且有可持续发展的后劲。

在清华深研院读研的学生马子轩来信说："在高中毕业后，由于各种各样的压力，我已经很难做到像高中一样经常、反复去看《阅读芳草地》了。但是，在我世界观、人生观形成最关键的那个时期，很感谢周老师和《阅读芳草地》给我指了一条正确的方向，我的许多想法和打算，早在高中时期读《阅读芳草地》时已经埋下种子。'风带来故事的种子，时间使之发芽'，相信未来的我也会在自己的道路上更加坚定。"

每期《阅读芳草地》编辑完成，立即分享给省内外的教育同行，为了便于分享交流，专门建立分享微信群，广泛征集八方意见，共同办好这份阅读材料。

青海省湟川中学资深语文教师祝克腾说:《阅读芳草地》博亦约，深且细;入时而厚重，主题鲜明又滋味悠长。你是扎扎实实做实事，太用心了，太有质量了。

青海师范大学外国语学院教研室主任李霞说:这块芳草地背后其实是日复一日的默默付出和努力，这个才是最最可贵的，也是我和孩子们最需要学习的。您的精神就像种子，根植在那些能够被影响到的孩子们心里，让他们成为幸运的人，向您致敬!

陕西省西安市学科带头人王亚卫老师说:周老师的《阅读芳草地》非创作性作品，然而对学生来说意义重大，在价值取向、文学素养、时事热点的关注习惯等方方面面，是真正的从学生角度出发的好作品。真正伟大的作品都源自用心，您的作品《阅读芳草地》就是，期待您出更多成果。

……

余党绪老师将阅读单篇文章比作"打小仗"，而把读整本书比作"打大仗"，阅读既要"打小仗"，又要"打大仗"，两种形式的仗都要打，相得益彰。

为了让整本书阅读成为学生成长历程中的"关键事件"，我尝试以课内阅读带动和辐射课外阅读。2019届高三（1）班学生一年读了13本书:叶嘉莹的《人间词话七讲》和《叶嘉莹说杜甫诗》，乐都籍作家马国福先生的《无限乡愁到高原》和《听心底花开的声音》，著名作家余秋雨先生的《文化苦旅》《行者无疆》《千年一叹》《山居笔记》，王开岭老师的《亲爱的灯光》《当她十八岁的时候》《每个故乡都在消逝》，南帆教授的《无限玄机》和《泥土哪去了》。13本书，至少300万字。基本养成读书的良好习惯，敢于读有困难的书，便为今后读更多的经典奠定了基础。

2022级高一（5）班一年读了8本书，分别是马国福先生的《无限乡愁到高原》和《人间烟火皆是深情》，"百年追梦：共和国科学拓荒者传记系列"中的《邓稼先传》《钱学森传》《孙家栋传》《彭桓武传》《王大珩传》《王淦昌传》等。

为了配合读书活动，语文课前设置语文实践活动，如"读书一得""我是朗读者""习字有感""《乡土中国》阅读分享""《论语》一滴水"等。通过表达交流、分享感受倒逼学生个体阅读，并引入费曼学习法，提升阅读效率与品质。

在海东四中担任高三年级语文教师的那段日子，为了尽快熟悉课本，提升自己对教材的驾驭能力，我每天在学校食堂吃过午饭后用中午的一个小时时间在湟水河边朗读课文，因为之前我一直给初中学生上课。从《赤壁赋》到《滕王阁序》，从《蜀道难》到《过秦论》，每天在登记表中记录所读遍数，用了一年多的时间将原人教社高中六册语文教材里的文言古诗词各朗读了一百遍。古人说："书读百遍，其义自见。"虽然"百遍"是个概数，极言其多，但我这个今人偏要亲自尝试和体验一下，看看一篇古文读到一百遍到底是个什么感觉、什么状态，这样我给学生讲反复朗读古诗文、培养语感的道理时也许更有发言权，更有说服力。所以，当我真正把高中每篇文言古诗词朗读达到百遍后，每篇课文都能做到熟背于心，信手拈来，还能披文入情，与古人产生共鸣，从而让我的语文课堂多了一份自信和从容。

┃ 月行却与人相随 ┃

在专业成长的道路上没有终点，只有一个接一个的新起点。而要攀越一个个新起点，就要时刻保有不断挑战自己的品质。

2022 年底，通过层层选拔，我有幸成为教育部"双名计划"（2022—2025）名师培养对象，成为陕西师范大学名师培养基地的一位学员，开启了为期三年的研修进阶之旅。这于我，具有里程碑意义，意味着必将经历一个破茧成蝶、浴火重生的煎熬与蜕变。

2023 年 11 月 15 日教育部教师工作司、陕西师范大学和青海省教育厅集中授牌，组建教育部周全中名师工作室，我将带领工作室 13 名成员开展教育教学研究，探索实践，把"我"变成更多的"我们"。同年 11 月 20 日注册"周全中高中语文教与学"公众号，并正式运营。

时代的发展为我们的成长之路奠定了更为坚实的基础，提供了提升与历练的良好平台。我有幸搭上了时代的列车，成为教育部名师工作室主持人，国家级的舞台，广阔的天地，等着我去拥抱，去作为。

成为陕西师范大学的学生，是我 30 多年的夙愿，没想到即将迎来天命之年的 2023 年，陕西师范大学给我们发放了专门制作的录取通知书，至高愿望竟然变成了现实。研修期间，我也异常珍惜每一次学习机会，从无请假。除了正常的研修学习，还积极参加各种送教交流机会，服务社会，成长自己：先后赴陕西省志丹县、宜川县，云南省昌宁县参加送教交流活动，真诚分享自己 30 多年的班主任与语文教学探索成果；应陕西师范大学干部培训学院的安排，学习之余，给云南省、黑龙江省等地参培教师作报告、开讲座；给陕西师范大学外国语学院本科生、文学院研究生作报告，并担任"国优计划"校外实践导师；给西安市 183 位名师和学科带头人分享成长故事、育人感悟。从不耽误学校安排的每一次培训和实践活动。

工作室成立一个学期以来，践行每月送教一次的目标，送教足迹已达海东民和、海南贵德、海南共和、海北门源等，省教育厅民教处也吸纳我为"组团式"援青送教团成员。

30 多年的教育生涯，艰辛与收获并存，挑战与成长同在。我坚信，你做三四月份的事，七八月份就有答案。上好每一堂课，教好每一位学生，倾尽全力引导学生心中有祖国山河、有时代大任、有世界格局，让学生的自然生命更健康，社会生命更饱满，精神生命更丰盈。

30 多年的教育生涯，我认同教育是农业，不需要批量生产、整齐划一，需要精耕细作、守望坚持。我觉得要想成功，最重要的品质就是坚持不懈。只有聪明是不行的，因为世界上失败的聪明人太多了；纯靠天赋也是不行的，因为没有毅力的天赋只能是空想。拥有决心，坚持不懈，逐光而行，行将致远。

我是大海里的一滴水，新征程上，继续向着教育的星辰大海逐梦前行。

闫白洋：争做学陶师陶的楷模

名师档案：闫白洋，博士，上海市行知中学生物学教师、副校长，正高级教师，上海市特级教师，2024 国家"万人计划"教学名师，教育部"双名计划"（2022—2025）入选名师。

2007 年，我从华东师范大学研究生毕业，入职上海市行知中学，陶行知先生"爱满天下""真人教育""生活教育""创造教育"等思想深植于心，争做学陶师陶的楷模一直是我教育事业的最高追求。

善于反思站稳课堂

人生的经历常常会与最初的理想开起玩笑。说起来，相比于教书育人，我更喜欢搞研究，格外青睐数学、分子生物学研究，但是，读研时的一次实践活动，却为我打开了另一条人生之路。

那一次，还在读研的我被委派去上海动物园，担当生物知识讲解员。在三天时间里，我接待了一批又一批孩子，带领他们开展"寻找动物园里的三角形物体""探索北极生态系统的奥秘"等活动。其间，我看到孩子们不时张大眼睛，提出一个个问题，忽然感悟到自己之前"轻视"教师这一岗位，是个不小的错误："嗨，原来教室的空间可以这样开阔，教学的内容可以如此丰富，当个老师挺有意思啊！"

带着这样一种感觉，2007年，我入职上海市行知中学，担任生物学教师。可是没多久，我发现，尽管生物世界那么五光十色，但学生们对我提出的许多问题却并无兴趣，以致课堂上经常出现尴尬的场面，几乎让自己难以下台。

觉察到这里一定存在什么隔阂，而造成隔阂的责任首先在于自己。于是，我在反复思考中，想起了自己读研时担当讲解员的经历，想起孩子们的发问都源自他们看到的感兴趣的事物，而不是笼统的教材内容。

基于这番思索，我很快改变了自己一脸严肃的讲课表情，经常和学生在课余时间一起谈天说地，捕捉他们的所想所爱，随后完善教案，因势利导，让每节课堂教学达到甚至超出预期效果。

其间有堂课让我尤为受益。在一次遗传定律的教学中，我设计了一个颇具生活气息的问题："爸爸妈妈都是双眼皮，能不能生出单眼皮的孩子？"这个问题一下子引起了学生的热烈反响。有的学生说："我爸爸妈妈是双眼皮，我也是双眼皮。"也有学生说："我爸爸妈妈是双眼皮，我是单眼皮。"还有的学生说："我的爸爸是双眼皮，妈妈是单眼皮，我是单眼皮。"……

面对同学们的反响，我趁势导入了教案上的规定动作，剖析孟德尔的"豌豆实验"，随后将两者结合，从宏观表征（单眼皮还是双眼皮等），到微观表征（基因和蛋白质等），再到符号表征（AA、Aa 等基因型）进行探讨，把这堂有关"遗传定律"的教学课，从"冷清地听讲"变成了学生"火热地思考"。

就这样，我坚持教材为纲、资料辅助、学生兴趣三要素，在一节节课的实践和反思中，解决了教学中的一个个难点，形成了"社会科学议题教学法""三重表征教学法""科学论证教学法""任务群教学法"等 20 多种教学方法，上课时间减半，效果却显著增加，真正做到了事半功倍。

勇于创新解锁育人"密码"

2018 年初，新课程新教材开始推广，如何进一步激发学生动力，提升学生核心素养，成为我心目中新的命题。

小夏同学最初对"微生物培养、鉴定和分离"充满了困惑，每次做题都会出现很多错误，常为之深感苦恼："唉，我其实并没有贪懒，该背的内容都背了，该看的教材该做的作业，也都认真看了做了，可我为什么还是经常出错？是不是自己太笨了？"

其实，小夏的问题并非个例，而是在"核心素养为导向的教学改革"中所出现的普遍现象。作为一名已经崭露头角的生物学教师，我参加了北师大版高中《生物学》新教材和沪科版高中《生物学》教学参考、练习册、实验手册等的编写工作，深知核心素养仅靠"传授"是行不通的，它更依仗学生的动手实践。于是，我在发觉小夏同学的苦恼后，就邀请他一起参与创新课题研究，引导他将"落叶再利用"和"微生物培养"合而为一，进行创新课题研究。我带着他查阅文献，一次次帮他纠错。时值暑假，实验室内很热，我和小夏汗流浃背研究落叶微生物的发酵技术，在几经失败后终于写出了《基于落叶资源化利用的景观生态开发研究》一文，并获得第35届上海市青少年科技创新大赛一等奖，小夏同学的面貌从此焕然一新。

基于这些教学探索，我逐渐形成了"做中学"的育人模式。针对学生个性化的特征，我指导学生完成了"南汇东滩盐沼湿地大型底栖动物潮周期变化特征及影响因子""风暴潮灾害经济损失评估方法研究"等多个课题研究，帮助学生在研究中掌握学科概念、提高创新素养，为拔尖创新人才培养探索路径。

直面挑战探索智慧教育

2020年，我的工作进入了新状态：一面需要设计大量的微课、试题，另一面却看不到学生的整体学习状况。如何破除全班同学"齐步走"，了解每个学生学习的"最近发展区"，为每个学生搭建个性化学习的平台？对我这样一名特级教师而言，仍然需要在许多地方边摸索边实践。

　　于是，在上海市"双名工程"高峰计划的带领下，我加快了基于知识图谱的智适应学习系统建设。我先是把新教材的内容进行"切块"，明确块与块之间的关联系数，并带领上海市同学科名师，实现资源建设和共享，同时和科技公司合作，建立了全国第一个基于知识图谱的智适应学习系统。

　　有了这个系统，教师在课前可以"一键生成"教学讲义，学生的答题情况被细分成"每道试题的得分率""每个选项的选择比例""选择每个选项的学生名字"等，教师对此都能一目了然，并由此可以"一键生成"个性化作业，从而减轻了教师的工作量，减少了学生的作业负担。

　　不仅如此，该系统还能详细记录每个学生的学习路径、试题测评结果等情况，进行资源智能推送，并设了很多学习引导语，所以可以像教师一样，时刻给学生以鼓励，这就像学生有了一对一的"辅导老师"，学生的学习积极性和效率保持了上升状态。

　　例如，在"细胞代谢"单元的线上教学中，我通过相应的学习数据，对学生进行智能化分组，推送相应的学习资源。在课堂上，我首先推出两个问题："生态瓶中放置植物的目的是什么，以及如何实现这个目的？""生态瓶中放置的鱼等动物的能量来源是什么？"引导学生将"细胞代谢"单元的知识概念进行结构化构建，并在系统中进行即时反馈和互动。与此同时，我又进一步推出两个"加强型"问题："为了使生态瓶能够长期维持稳态，需要考虑哪些因素？""我们的地球也类似一个大的生态瓶，如果要让地球能够长期维持稳态，我们可以做什么呢？"这两个问题进一步引导学生利用结构化的概念，去解决真实情境的问题，提升了学生核心素养。

在教育数字化转型的大势下，基于知识图谱的智适应学习系统发挥了更大的价值。智适应学习系统免费推荐给上海市各个区县学校，以及江苏、湖南、安徽、新疆等200多所学校，参与学生6万多名，得到《文汇报》《解放日报》《新民晚报》等媒体十多次报道。该成果获得了国家教学成果二等奖。

┃ 表现量规激发学生自主学习力 ┃

教学目标是课堂教学的起点与归宿，它直接关系着教学活动的开展与教学质量的提升。然而，如果学生"看不见"或"看不懂"教学目标，学习就会成为一种外在的压力，而不是学生的内在需求，这样学生很难真正地成为学习主体。我尝试在教学中将"教学目标"转化为学生的"学习目标"，使学生"看见""认同""内化"，并根据学习目标制定学生的表现量规，让学习真正地深入学生的内心，促进学生的有效学习，让导学功能能得以真正发挥。

例如，在"细胞呼吸"的教学中，教材设计的学习目标是"从物质与能量角度说明细胞呼吸过程""通过探究酵母菌的呼吸方式，认识不同条件下细胞获取能量的方式不同"。此学习目标对标课程标准，但我通过与学生交流发现，学生很难理解此项学习目标，尤其是对于"说明""认识"等词汇，学生很难理解其要求的程度。于是，我根据课程标准要求，参考教材内容，利用马扎诺的教育目标分类理论，先建立该内容的陈述性知识和程序性知识系统，基于教育新分类二维框架，设计了学习目标和表现量规，编写了这节课的学习目标"我可以说出细胞呼吸的概念、实质和意义""我可以用流程图正确绘制出有氧呼吸和无氧呼吸过程""我可以说出进行探究不同供氧环境下酵母的呼吸方式实验中关键的要素"等，让学生能够读懂学习目标，并基于此学习目标制定了表现量规，教师可以利用表现量规评价和改进课堂教学，学生可以利用表现量规自我评价、监测和安排学习过程。

学习目标和表现量规如何常态化实施与落实呢？首先，教师要详细解释目标和量规是什么。其次，教师要对学习目标和表现量规进行改进，使其浅显易懂。在课开始时和课结束时，我都会带领学生一起聚焦学习目标，并将教学活动和学习目标相联系，根据学习目标设计相应的学习活动和作业。经过一段时间，我发现学习目标和表现量规的引入有效提升了学生主动学习的能力。

持之以恒塑造评价特色

在多年的理论学习和一线教学中，我认识到评价改革是促进教学改革的关键，我逐渐将教育评价与测评作为我教育专业发展的方向，尤其是 2020 年中共中央、国务院印发《深化新时代教育评价改革总体方案》，更是坚定了自己投身教育评价改革研究的决心。在教育评价改革中，我探索了十多年，先后经历了三个阶段，逐渐形成了自己的评价特色。

2012—2014年，是评价特色形成的萌芽时期。我连续多年参加大规模高利害考试的命题、审题工作，对试题的开发从"朦胧"逐渐走向"成熟"。同时，我还参加了上海市教育考试院和美国ETS（教育考试服务中心）的"K–12科学测评研究项目"，学习了基于core ideas（核心概念）、science practice（科学实践）和progress variables（进程变量）的学习进阶开发模型路径，为生物学核心素养进阶测评奠定了理论依据。

2015—2017年是评价特色形成的发展时期。作为教育部"国家普通高中课程标准修订"生物学科核心素养测评命题组成员，全程参与了试题的命制、预测试、学生访谈、试题修改、大规模测评、试题批阅、结果的统计和评价等，为核心素养进阶测评奠定了坚实的实践基础。

2018—2024年是评价特色形成的成熟时期。基于特色发展，我申请立项了课题，研究成果形成专著《生物学核心素养进阶测评与技术实现》，详细阐述了生命观念、科学思维、科学探究和社会责任核心素养进阶测评路径，可操作性强。研究成果还获得了"2014—2020年上海市教育科学研究成果"评选二等奖。我将主要模型成果发表在核心期刊上，论文共计20多篇，受到国内知名专家的认可。近年来，我积极投身于核心素养进阶测评的推广工作，在上海市教育考试院、上海市师资培训中心、华东师范大学等组织的活动中进行辐射和推广。

对于高中教师而言，打造教育特色是一项长期而系统的工程，它要求教师不仅要有清晰的教育目标和坚定的教育信念，还需要不断地实践、反思和创新，要有持续学习的内驱力，通过阅读、参加研讨会、进修课程等方式，不断更新自己的教育理念和教学方法。围绕着教育特色，教师需要在教学实践中不断尝试新的方法，并在每次实践后进行深入的反思，不断探索和尝试新的教学方法与技术，以适应教育的发展和学生的需求变化。

身为陶行知先生亲自创办的学校的一员，我一直以传承和发展陶行知教育思想为己任，"千教万教教人求真，千学万学学做真人"。在教学实践中，我不忘初心，砥砺前行，争做学陶师陶的楷模。

吴春来："五多课堂"的耕耘与守望者

名师档案：吴春来，"国培计划"专家库专家，正高级教师，"五多课堂"理论构建与倡导者，教育部"双名计划"（2022—2025）入选名师。

上个世纪70年代末，一个春天的中午。山岗一片翠绿，父亲弯腰、俯身，"哦起，哦起"之声在乡野田垄响起，犁铧卷起黝黑的泥土，泛黄的水花肆意飞溅。我出生了。父亲为我取名"春来"，希望我的人生处处是花团锦簇的春天，也希望"耕耘"二字镌刻在我的生命里，这是多么美丽的愿景与希冀。

岁岁年年，父亲虔诚地守望着这方土地，直至他离去。在语文教育的田园里，我如父亲一般虔诚守望，一路风雨、一路艰辛，始终"耕耘"在语文教学这片神圣的沃土上，寻找禾麦茂盛十里飘香的教育图景。

布谷飞飞劝早耕

早耕耘，早觉醒，守护语文教育田园的精神高贵。

早耕耘，让我以考核第一名的成绩进入湖南省示范性高中百年名校永州一中。湖南理工学院是我的大学母校。我天资愚笨，只能笨鸟早飞，大学四年，常以"人一能之，己百之；人十能之，己千之。果能此道矣，虽愚必明，虽柔必强"来激励自己勤奋苦学。当别人沉浸在风花雪月的浪漫爱情里时，我在图书馆埋头苦读，读《红与黑》，读《红楼梦》，读《美的历程》……当别人在游山玩水逍遥自在时，我在自修室做着读书笔记，摘抄《诗经译注》，摘录《论语译注》……正如春天的大地上，留下了多少犁铧的印痕，秋风就会摇曳起多少丰收的嘤鸣。毕业离开母校前，往老家邮寄的 16 箱书，是我求学路上积攒下来的第一笔精神财富，开启了我语文耕耘之路最美的序幕。

　　早觉醒，让我在应试教育浑浊晦暗的田园里，勇敢地撒下一粒指向生命素养和语文灵魂的种子，迎来属于自己的语文教育的春天。

　　时间定格在那一夜，2011 年 12 月 1 日晚。

　　那一夜，月辉静静地落在偌大的校园。

　　那一夜，数名学生深深给我鞠躬。

　　那一夜，有学生给我发来这样的短信："您说得真对。黄钟毁弃，瓦釜雷鸣，教育的失败，带来人性的丧失，您才是真正值得尊敬的教育者。今天懂语文、爱语文、爱生命的人都落泪了，我们真的舍不得您。"

　　那一夜，我挥泪告别了我的学生，他们是一群奥赛班（重点班）的学生。学生的依依不舍，令我忧伤不已。

在我们身边，总能看见一些老师从高一开始就实行题海战术。也许，一场屡见不鲜的语文题海战，很容易唤醒人们生活的亲历感；一次条分缕析的答题技巧点拨，又极易引发学生的好奇心和对分数的既得感；赢得高分的手段在一个唯分数论的时代，还可能成为献媚社会换取关注的成功案例……然而，我清醒地意识到这一切的背后只能是疯狂的应试、肢解的课堂、空虚的内心。语文课堂沦丧为字音、字形、成语、病句等高考习题的堆叠，语文教学被速成的答题技巧所取代，文学作品被支离破碎地肢解，文字没有了生命，学生没有了灵气，教师也没有了个性，思接千载、视通万里的课堂的鲜活成了遥远的绝响，教室成了囚禁文字奴隶和思想俘虏的围城……这样的应试教学，语文的精魂何在？学生的发展何在？

语文绝非戴着镣铐的舞蹈，浮躁肤浅与育人情怀，耽于分数与专注于灵魂，急功近利与关切人性，炫耀技法与归于本真，这一切区分了教育者精神与教学品质的高下。我大胆拒绝将语文教学习题化，高一、高二学段坚持课后不布置做题训练，晚自习辅导坚决不考试，主张学生多阅读、勤写作，把语文教学指向能力的培养，提出了"语文的生命观"：

"上课，上的是生命。用教师的激情点燃学生的激情，唤起学生生命的体验，语文课堂才能实现生命的狂欢。上课，要生动，要入心，要自然，要大气，不要拘泥于技巧，要营造课堂的语言场，艺术再现语言文字之生命情气，让学生置身于生命的方舟，任意东西于文学与人生的精神海洋。"

对此，全国中语会副理事长王鹏伟先生在《追问语文教育的真谛》（2013 年第 5 期《语文建设》）一文中给予高度评价："有这样的青年做语文教师，是语文教育事业的一种偏得。"

当我调往永州市教科院担任语文教研员后，永州一中校长陈宗华先生多次在语文教研活动上强调，语文教育就应该像吴春来老师那样主张学生多阅读，真正提高学生的语文能力。

一位就读于四川师范大学的学生在我的博客中留言说：

"我依然记得您说过的话，我们放弃的是平时小考的成绩，收获的是高考的成功！您是对的，您的眼光超出了那些平庸的老师，您在最后的战役中收获了成功！您对得起自己，也对得起所有您的学生！我记得一句话：'木秀于林，风必摧之。'平时，苦了您了，背负了那么多的压力和不理解。但是，我想您一直都是不屑的，对吗？作为老师众多学生中的一个，在高中对我影响最大的是老师您。是您，让我爱上语文。"

"园有桃，其实之肴。心之忧矣，我歌且谣。"教育是有生命力的完整思想体系，其内核是教育者智慧的光芒和发自内心的关爱。对人生关切、对人性救赎，执着于人生畅意的抒情，不悔于个性发展的诗性，这种柔韧与坚守一旦抵进了教育情气的本质性、人性延展的独特性和品质呵护的深沉性，本身就具备了超拔世俗的精神高贵。在语文教育的田园，这种高贵需要我们早早耕耘、虔心守护。

湖南宁远一中李苏芳老师在一篇报道《教育的行僧，语文的歌者》中说道：

"儒雅而温暖，低徊而昂扬，吴春来老师在教育的田园且歌且行。这位从书籍的墨香中走出来的读书人，柔和中饱含坚韧、执着中催生希冀，精神高贵，是他异于众人的当世品相。"

评价不乏溢美，却坚定了我人生的方向。耕耘路上，坚守良善、纯洁、坚韧与乐观，即使不寄望于让光照耀自己，但也要努力地站在光的照耀下。于是，人们终会看见，总有那么一束光能够穿透幽暗、洗涤灵魂，虽然撞得人泪流满面。

▎ 耕犁千亩实千箱 ▎

"一个不食人间烟火，一个不渴慕布衣清欢，一个只思冰天雪地、三秋落叶的柔情似水的才子，又怎会在意仕途的不顺？又怎去渴求那所谓的荣华富贵？在我看来，他拥有一颗如雪的心，即使处在一个集富贵与荣华、显赫与威望的家族之中，他依旧保留着那份高洁的情怀——一种不流世俗、与世无争的情怀。《西风多少恨，吹不散眉弯》这本书，讲述了纳兰容若不凡的一生，作者用禅意、空灵、优美的文字，勾勒出一个至情至性的才子……"

2013 年的那个春天，一位女生在讲台上倾诉着一曲低徊的长吟。离高考仅有 90 天，考生们搏杀在题海中昏天暗地的时刻，我的学生在举行一次意兴盎然的读书报告会。那是霜雪下的倔强春意，是肃杀里的反叛抒情。报告会上，有的学生口若悬河、滔滔不绝，有的学生本色质朴、有条有理，有的学生温文尔雅、处乱不惊，有的学生悲意慷慨、清歌激扬……此时，微风吹皱春水的层层涟漪，窗外黄鹂声声如诉。市教育局业务副局长李谋韬先生站在教室的后面，感受着学生们俊逸洒脱、纯净明亮的青春飞扬之美，忍不住走上讲台，激动地说："这节课，让我仿佛回到了当老师的年代，我相信未来的你们一定是社会的精英人物。"

那一年高考，我们班 65 人，其中一本上线 31 人，二本上线 30 人，创造了永州一中普通班高考上线人数之最。

语文是什么？一千个语文老师的眼里可能会有一千种答案。在我心里，语文，它是清风明月的诗意人生，它是山清水秀的田园风光，它是诗人出塞的豪情，它是剑客跃马的痴狂，它是悲天悯人的济世情怀，它是仰天出门的洒脱身影，它是精神的图腾，它是生命的歌唱。所以，语文课堂，我常常引导学生通过咀嚼品味语言文字的方式，触摸言语生命的体温，感悟作者丰沛的情感，走进作者复杂的内心，置身语文美妙的世界，从而引发情感与思想的共鸣，最终培养学生的语文素养。

然而凭一两节语文课就能把语文学好的神话是不存在的，所以，我坚持开展系列语文活动，把语文学习引向更广阔的听、说、读、写天地。在语文教育的不断探索中，我逐渐构建起"一体两翼"语文教学体系。

"一体两翼"语文教学体系，即：阅读为主体，口才、写作为两翼，全面提高学生的语文素养。阅读是输入，是思考和积淀；口才和文才的训练是输出，是发展和提升。阅读是寻找另一个更美的自己，口才和文才的训练是完善另一个更真的自己。

坚持阅读为主体。高一、高二坚持不布置做题练习，晚自习辅导坚持不考试，让学生有充裕的阅读时间。成立班级图书馆，每个学生至少购买图书一本，然后交流阅读，我曾经带的一个班级三年下来，有的学生读书近百本。与此同时根据教学需要，开展主题阅读。主题阅读是适应新课程标准和新课程语文教材的需要、体现学生自主学习特点的一种阅读方式。"语文主题阅读"指学生在老师指导下根据实际学情就某个主题进行深入、广泛阅读的一种学习方式。于漪老师说："就教学而言，精读是主体，博览是补充；就效果而言，精读是准备，博览是应用。一定要让学生'嗜书'，不'嗜'必然知识浅薄，视野狭窄。学生嗜书的感情不是天生的，靠引导，靠培养。培养学生的阅读嗜好，就等于帮他们找到源远流长的知识的泉眼，并且让学生在人类、社会、生命的层面上来学习语文。"主题阅读就是要学生博览奠基，唤起他们追寻真、善、美的情怀，最终构建起自己的精神家园。比如在执教宋词单元时，针对单元主题，专门指定阅读书目，确定了这样的主题阅读——"大江东去苏东坡""金戈铁马辛弃疾""梧桐夜雨李清照""白衣卿相柳三变"，通过作者传记、经典诗词的阅读，学生对古典诗词阅读有了质的提升，同时唤起了对语文学习的热情。有了阅读的底子，必须以输出的方式内化、提升，于是口才训练与写作教学同步进行。主题阅读也可以读书报告会的形式展开，要求学生写读书心得，训练文笔；也可要求学生将自己的阅读体会通过口头表达出来，这样既可以训练学生概括、联想等思维，也可以训练他们的口才。

坚持课前五分钟演讲教学。让每一位学生都能勇敢地登上讲台，让每个学生都踊跃地去施展自己的才华，争取做到出口便成章。由于学情差异，根据不同对象规定不同要求：有基础者可以即兴演讲，基础稍弱者可以写好讲稿演讲。由于学段差异，高一、高二重在叙事，学会讲好故事；高三重在议论，说话有条理。记得一位姓杨的学生，生性内向、不善言辞，第一次上台，傻傻地站在讲台上说不出话来。后来，我经常鼓励他，给他发言的机会，有时也去激励他，让他认识到自己的弱点。几个月后的一节语文课上，他自信地登上了讲台，激情澎湃地谈论班上的有关情况，赢得了同学们的热烈掌声。有一学生说，老师，您成功了。是的，如果语文课堂上，让一位不敢在公开场合说话的学生能大胆地说出自己的想法，当这样的老师是幸福的。一节晚自习课后，他递给我一张小纸条，上面写着："老师，认识您，真好。"当时，我也想：有这样的学生，真好。此外，开设朗诵训练课，一月开展一次读书报告会，让学生充分说；特别是课堂上，重点突出学生的口头表达。可以这样讲，我的课堂，学生是非常乐意说的。

坚持让学生写周记。对于周记，采取"自由阶段—欣赏阶段—模仿阶段—训练阶段—讲评阶段"五环节教学法。自由阶段，即鼓励学生不要害怕考场的条条框框，不管文章构思高低，不想开头与结尾精妙与否，不在乎字数的多与寡，"我"的周记"我"做主，只需要表达自己最想表达的思想，尽情去倾诉自己的喜怒哀乐就行了。在这片天地里，要做一个自由的人，没有羁绊，没有约束，没有教师评审的眼光。欣赏阶段，即及时给学生以鼓励，鼓励是作文教学的催发剂，这对于唤起他们写作的欲望，十分重要。模仿阶段，即模仿名家作品。朱熹曾云："古人作文作诗多是模仿前人而作之，盖学之既久，自然纯熟。"郭沫若也说："我有一个写作秘诀，就是先看人家的书再写。"由此可见模仿的重要性。模仿是一种心灵感应，一种文字的行走；久而久之，就能熟能生巧，最后会像杜甫所说——"转益多师是汝师"，形成自己的个性，青出于蓝而胜于蓝。此阶段主张在多写的同时也要广阅读，"读书破万卷，下笔如有神"；读的时候，不妨尝试模仿。周记教学第四阶段，即训练阶段。当学生经过一定时间的周记写作后，老师应适时进行技法指导，毕竟周记写作也是一门艺术。适当的方法点拨，对于学生的写作提高是很有必要的。由于学生周记写作有了一定的基础，加上也有了一定的阅读量，就可以进行语言训练，联想训练，想象训练，审题、选材、布局、谋篇训练……当然文体训练也是必要的，记叙文、议论文、应用文，我们都可以让学生在周记中训练，然后加以指导。讲评阶段是最能提高学生作文水平的阶段，我曾提出"点—引—导—结"作文讲评法，主张四环节有效作文讲评。通过讲评，学生可以扬长避短、互通有无；若没有讲评，学生就无法知道自己作文的弱点，也难以欣赏到同学的佳作。作文讲评的最终目的就是让学生先明得失，再探寻解决问题的方法，最后提高自己的写作水平。周记讲评时，要让学生积极参与问题的发现和分析活动，这样才能碰撞出智慧的火花，才能让学生真正成为学习的主体，才能科学有效地进行周记教学，从而使学生作文更上一层楼。

在具体教学实践中，学生进入高中的第一天，我就让他们每人准备一个周记本，写作时不受文体、字数限制，自由写作、放心写作，把写作的权利真正交还给他们。坚持创办班刊《雏凤清声》，把有思想、有个性的文章，刊登在班刊上，让大家共同学习。不断营造自由表达的氛围，时而欣赏，时而点拨，时而训练，讲与练结合，读与写共生，学生的写作能力逐渐得以提升。一位考上北京理工大学的学生寄来信笺：

三年了，您于我而言，亦师亦友。记得高一时您把我的一首周记本上的诗印发给全班同学，从那时起，我爱上了语文，尽管我学的是理科，可文字是我最大的爱好。高中三年，您是我最敬爱的老师，以后仍是。现在我毕业了，再也不会有人来让我写高考作文了，但是我仍深爱着文字。偶尔写写，想起您的谆谆教诲，心中谢意难以言表。在此我想说，您是我一生的、永远的老师，作为您的学生，我敬您！爱您！

读到这样的文字，我心怡然。

"一体两翼"语文教学体系逐渐产生出绵长不息的力量，学生感受到了阅读的快乐，出口成章的幸福，还有无讳饰、无虚掩的为文之真。我也因之成为《中学作文教学研究》2015年第6期封面人物。2017年，我的教学案例被收录于教育部人事司原司长张仁贤主编的《厉害了我的老师们——数字时代的教师新视野》（2017年5月中国轻工业出版社出版）一书，同时收录的作者还有著名特级教师余映潮、孙双金、薛法根、管建刚，而我是唯一一位高中语文教师代表。

┃ 麦场高处望云开 ┃

如果说"一体两翼"语文教学体系是对语文教学的宏观构架，那么每一堂课便是对教学艺术的微观雕琢。华东师大叶澜教授说："如果一个教师一辈子从事学校教学工作，就意味着他生命中的时间和精力，是在课堂中和为了课堂教学而付出的。每一堂课都是教师生命活动的部分。"面对课堂这方生命的麦场，认真对待每一堂课，学会从每一堂课中成长，向课堂更高处攀登，以期教学云开雾散。

对教态教艺的不断精益求精，是提升自我素养的基本要求。书架上静静摆放的那些用坏了的录音笔从记忆的雾幔中一点点析出，岁月的苔痕变得鲜活泅湿，扁平的过往在眼前矗立起来，一层层镶嵌积叠。每节课后听录音是我从教以来保持的习惯。第一次听自己说话，感觉异常别扭，"是不是""啊""噢"简直成了口头禅，有时一节课竟然多达十余次。后来每当上课，说话快要结束时，尽量减慢语速，下意识地提醒自己。听录音时发现，课堂上只有我一人高谈阔论、激情澎湃，语文课堂宛然成了展现自我的课堂、演说家的舞台。于是渐渐懂得课堂语言不是一种板着面孔的教化和一种拒人于千里之外的孤傲的独演，应该从里到外，都发出一种召唤声音，能够把学生召唤到这堂课里来。我们的每一句话，是声音的艺术，是艺术的再现，是思想的载体。对音高、音质、音色、音域的把握，对语言的选择和提炼，何时点拨、何时启发，都要斟酌和推敲，只有这样严谨地对待，才会让自己的课堂发出独特的噪音。后来录音听多了，侧重点转向听课堂内容。有时觉得课堂松松散散，缺乏逻辑。在以后的教学中渐悟到课堂结构若要紧凑，其实就要善于提问，问题不能问得太多、太零碎，一个提纲挈领的课堂主问题，可以让学生的思维空前活跃，可以给课堂注入无限活力。在以后的教学中，我通常要精心设计课堂的主问题，课堂教学逐渐有张有弛、层次分明起来，对此我还专门撰写了论文《语文课堂教学"主问题"设计的五个关键点》发表在《中学语文教学参考》（2012 年第 9 期）上，后来被人大报刊复印资料《高中语文教与学》（2012 年第 12 期）全文转载。

　　研究全国名师是潜心学习的另一条途径。2010 年至 2013 年，三年时间内，我系统研究了全国著名特级教师的课例，从董一菲的诗意语文、丁卫军的简约语文、李吉林的情景教学，到余映潮的板块式教学、黄厚江的本色语文、王君的青春语文，再到赵谦翔的绿色语文、程少堂的语文味……从他们的教学理念、课堂实录、课堂教学视频中寻找教学的真谛，感悟语文教学之道。在诗意语文里，我懂得了曲问的艺术；在简约语文里，我看到了课堂简约的极美境界；在情景教学里，我渐悟语文教学提供一种场景那是多么的重要；在板块式教学里，我看到教学环节的板块式推进让课堂更加紧凑有序；在本色语文里，惊喜地看见一张黑板、一支粉笔、一本教材，可以让课堂如此本真无华；在青春语文里，有效组合课程资源让课堂更加丰厚；在绿色语文里，老师的讲居然可以让学生思维洞开；在语文味流派里，提炼课堂教学主题，让教学有了思想、有了灵魂。

一个书底深厚的老师才能在课堂游刃有余。2010年岁末，我与董一菲、张玉新等著名特级教师一同获评中华语文网之最人物，被誉为"才华横溢的博客达人"，与他们在一起，我深感孤陋寡闻，他们的课堂都是有书底的课堂，因为书底才成其高度。见贤而思齐焉，为更快提高自己的课堂教学艺术，这几年，广泛涉猎教育学、哲学、史学、美学、语言学、逻辑学等书籍六百余本，在书海里，很多难题迎刃而解，很多困惑豁然开朗。在书中学，在学中用，且把这些认识与反思及时整理成文字，仅2011、2012这两年在全国中文核心期刊发表教研文章十余篇，语文教育专著《十年非常语文梦：孤舟话语》则被《中国教育报》评为2013年度印象深刻的书。

上公开课，则是不断磨砺自己的途径。"学然后知不足，教然后知困"，一个人的成长，还要禁得起人们的揣摩、省思和审视。在参加工作的前几年，每一次公开课，我都会尝试不同的教学方式，有的是模仿，有的是创新，也有自己独特风格的彰显。记得一次执教苏轼《念奴娇·赤壁怀古》，语文教研组长如是评价：

"春来君出道才四年，俨然有大家之势，在临时改变听课地点而教室多媒体又突发故障的情况下，处乱不惊，应付裕如，特别是上课忽而行云流水，继之跌宕流转，转瞬匠心巧运，最后开合有致，可谓亮点频仍：课前五分钟让两位学生自由演讲，不是作秀，而是一以贯之；老师的朗诵金声玉振、黄钟大吕，真正把握了苏词激越奔放、磅礴慷慨的特点，几令人骨酥神蚀，心荡神飞，诚进乎技矣。"

由于敢于挑战，也敢于献丑，每一次公开课对我而言都是一次提升，无论成功还是失败，我都会认真反思。犹记得在吴同和先生的推荐下参加全国第二届高中语文教师基本功现场授课竞赛后，我写了万言反思，从学情关注、教学内容取舍等方面全视角剖析自己。通过这样的途径与方式，我进步飞速。《夜归鹿门歌》《在情景中细描人物》等优秀课例在《中学语文教学》《语文教学通讯》等全国中文核心期刊发表，尤其是 2014 年春天，我给湖南科技学院大三学生上示范课，执教的《永遇乐·京口北固亭怀古》赢得了全体师生好评，湖南科技学院中文系主任潘雁飞博士连连夸赞这是一堂难见的好课。

2014 年 9 月我当教研员后，在不断学习理论的同时，跨学段钻研课堂，在"语文的生命观"基础上撰文《以发现的视角构建语文课堂教学内容》(《语文教学通讯》2017年第9期），提出以发现的视角构建语文课堂教学内容，即在发现学情的基础上，从文本的言语形式入手教学生发现语文的"家"，教学生遣词造句、谋篇布局，从而感受语文审美，提高语文素养，提升精神境界。语文教育务必依托学情，教学生发现好书，读好书，多读书，在读书中掌握读书方法，在读书中提升人生品位。在不断的实践探索中，逐渐形成了"情理交融、循循善诱、本色自然"的教学风格，教学研究成果《发现语文》被列入"真语文"书系，2018年1月由语文出版社出版，教育部前新闻发言人、语文出版社社长王旭明先生作序，著名特级教师陈继英在书评《"发现语文"的魅力》(《语文建设》2018年第6期）中说："吴春来先生最近出版的《发现语文》，为我国语文界增添了'和煦春风'，吹醒了不少语文教师的心灵。"

▎ 百里西风禾黍香 ▎

　　真正的教育，是用生命影响生命的过程。我多么希望，在教育这方热土上，我能以一己之力，以个体的微弱来丰盈群体的认知。作为一个奋战教育一线多年的语文教师，一个苦苦追寻教育真理的语文教研员，我一直全身心地做着一件事——当一个有良知的教育者。心净无尘，心诚无伪，心热似火，才能上真课、上好课。对语文的热爱，对学生的深情，对教育的担当，对平庸的反抗，对卓越的追求，对理想的渴望，摆脱日常生活束缚，追求精神生命永生：这，一直是我奋斗的动力和源泉。

2016年初春的一个傍晚，我接到一个电话，是董一菲老师打来的，她热情邀我与著名特级教师张玉新、任玲、曹公奇一同担任"董一菲诗意语文工作室"特聘导师与《高中语文经典篇目同课异构与点评》一书副主编。这是董老师对我的信任与厚爱，而我作为最年轻的特聘导师和副主编，深感压力巨大。在指导山西郭天明、河北王青生、湖北丁克松等12位老师的过程中，居然爆发出前所未有的力量，经过半年的努力，我们圆满完成任务。这是我作为教研员以来，第一次指导省外教师，与他们一起精心解读文本，一起细心设计教学问题，连课堂中的每一次学生活动设计都反复斟酌，这种精益求精的态度深受12位老师好评。

在湖南永州，作为教研员，指导青年教师成长责无旁贷，于是听课成了我的工作常态。有老师幽默地说："吴老师不是在听课，就是在听课的路上。"通过听课，仔细诊断青年教师课堂存在的问题，然后针对性地辅导，如果在教学问题上大家有分歧、有争议或者有不明白的地方，我还会亲自上课示范，给他们指明方向。河南名师车凤鸽老师在《在践行中发现，在实践中反思》一文中说："语言犀利，旁征博引，有理有据，名家名言信手拈来。执教老师的一颦一笑、一言一行、一举一动，课脉起承转合、内容取舍、教法优劣，学情、学境、学法、学效，春来老师皆能一览无余，汇进大脑，成竹在胸，及口即来，滔滔不绝，顷刻成章。"正是由于这样一种评课方式和敢于上课的性情，青年教师非常喜欢听我评课。我指导的年轻老师如贺敏、桂巧艳等老师在省级教学比赛中都获得一等奖，很多青年教师在教学岗位上脱颖而出。

2018 年 7 月，在一次全国性的语文活动上，偶遇《语文教学通讯》高中刊原主编徐永平先生，先生说："作为教研员，你一定要组建教研团队，一批影响一批。"他的话给了我力量，也给我了信心。8 月 1 日，我与 50 名永州语文老师组建"春来咏语"教研团队，50 人启航，共同促进，相互勉励，组成学习共同体，十年磨一剑，以点带面，共同促进永州语文教育的发展。也正是我的身体力行，努力知行合一的精神，给不少老师送去了温暖，他们在语文教育之路上，向着本真、向着学生语文素养的提升上下求索。

《十几岁》杂志的编辑说："从没见到一个没有任何经费支持的团队，可以把团队建设得这般好。"

有老师说我在生活中不太有趣，而在课堂上有趣得多。因为我没有其他爱好，生活中无非是读读书，写写文章，偶尔写写歌词，很多学校的校歌都是我创作的，《湖南省教师培训之歌》也出自我手，当然最爱的还是上课。我曾经说过这样一句话："何以解忧？唯有上课。"但我始终对自己的课不满意，我也一直在追寻课堂的基本规律到底是什么。

2017 年 2 月 20 日，是我的教育人生的重要转折点。我去湖南省东安县凡龙圩学校担任第一校长，负责全校的课改工作。在这里一干就是三年。

这三年，我不仅进行了跨学段研究，更重要的是进行了跨学科研究。

担任第一校长期间，听不同学科教师的课，发现一个共同特点：教师很少到学生中，很少让学生展示，很少让学生提问，很少让学生思考，很少让学生讨论。于是在教研会上我提出了"五多课堂"的做法：多到学生中去、多让学生展示、多让学生提问、多让学生思考、多让学生讨论。于是，我自己尝试用"五多"的方式去上课，课堂居然发生了很多的改变。我们常说的"教师为主导，学生为主体"到底如何来实现呢？——"五多"就是比较实用的方法。

研究需要展示。这样的展示是一种检验，更是一种挑战。

2019年12月13日，于我而言是一个具有特殊意义的日子，湖南省蓝山县教育局为我举办"五多课堂"研讨暨吴春来老师语文课堂教学观摩活动，小学、初中、高中三个学段，我各执教一节示范课，那一天会场坐满了老师，连走廊上也站满了听课者。有老师这样评价："吴老师的课让我们如拨云见日，又如饮甘露，如沐春风，这是一次精神上的引领和行为上的释放，不仅点燃了孩子的求知梦，也激励和唤醒所有在座观摩的老师。"

展示成功了。但我认为：我的课堂在教与学上，在教学内容上，皆不尽如人意。

在跨学科研究过程中，我努力去思考学科的共性之处，如科学课要培养动手的能力，数学课要训练严密的逻辑思维能力，音乐课要培养听的能力，美术课要培养观察的能力……而这些能力都要指向思维能力的训练。好的课堂，应该是思维的王国，课堂的核心是立德启智。在各种教研活动中，对于教与学，我渐渐提出"教师清清楚楚教，学生明明白白学""少告诉，多发现""跟着学生走，帮着学生学""我明明知道，但我偏偏不告诉你，让你自己去发现""有教有类，因类施教""激情与微笑同在""越了解，越有效""以课文所载之道育人，于教学过程育人"等教学主张。在先前研究的基础上，2023年4月，我的专著《理想新课堂："五多课堂"的构建与实践》入选"大夏书系"，由华东师范大学出版社出版，永州市教育局特主办"五多课堂"教学观摩暨永州市名师工作室集中研修活动大力推介"五多课堂"，永州日报以"五多课堂：激活永州教育'一池春水'"为题宣传报道，湖南科技学院也举办了语文教育创新研究暨"五多课堂"教学思想研讨会，展开"五多课堂"教学思想大讨论。

2023年11月，我南下广东，广州市南沙区七所学校率先展开"五多课堂"研究，我全程指导他们的课改。我一所一所学校跑，看到课堂上师生的变化，由衷地高兴。东涌一小王校长曾深情地对我说："我们以前老说以学生为主体，但一直没找到方向，现在搞'五多课堂'改革，学生的变化太大了，他们的思维被激活了。"跨学科研究，让我从单一的语文课堂走向了课堂的深处，这是我成长路上最重要的一页。

古人云：四十而不惑。已过不惑之年的我，立于"五多课堂"的田园却疑惑不断。父亲已离我而去，他的犁铧静卧在老屋的墙角下；在我的教育世界里，生命的犁铧一起一伏，翻开的泥垡如波如浪。我愿用一生的耕耘，期待喜看稻黍千重浪的那一天。

犹记得2023年2月，有幸参加教育部"双名计划"（2022—2025）名师培养对象集中培训，听完王嘉毅副部长的报告后，我在笔记本上写下这样一行字：三尺讲台，一生荣光；一念家国，一生守望。作为一名教师，唯有在课堂上才能实现职业价值，一生守望于"五多课堂"的教育田野。

第三辑

理想的追求

颜金松：呕出一颗执着的心

名师档案：颜金松，贵州省特级教师，高级教师，教育部"双名计划"（2022—2025）入选名师，省教学名师，省级名师工作室主持人，省骨干教师，黔南民族师范学院教育硕士研究生导师。

2023 年 6 月 25 日，在东北师大"双名计划"（2022—2025）导师见面现场，我很想找个地方躲起来。

为什么？因为全国的名师集聚，而我初始学历不高，面对名校毕业的优秀同仁，要在"观名师课堂"上播放自己的讲课视频，我很紧张忐忑。

时间在一分一秒地逝去，现场鸦雀无声，我艰难地度过了令人窒息的 20 分钟。

"不错，够得上'名师'的称号。"教学视频播放完毕，导师的一句话划破寂静，"名师就是要拿出优秀的课。"话音未落，导师接着说出令我至今难忘的话："我也是中师生，其实起点并不重要，持续地努力、不停地奋斗才是关键。"

"啪"的一下，我的大脑似乎被打开了，有醍醐灌顶之感。对呀，虽然我起点低，但是工作以后我也在不停地学习，花费五年时间完成了中专到大专再到本科的转变，那一点点羞愧之心也在顿悟的刹那悄悄地溜走了。

成长于乡村，绽放在课堂。从教 28 年以来，我一直以育人教育、兴趣教育、快乐教育为坐标，致力于激发民族偏远山区孩子们的学习兴趣。我一直觉得，对待教育事业，多一分热爱就多一分付出，多一分付出就多一分未来，多一分未来就多一个人才。对我而言，让课堂趣味横生、让孩子学有所获、让家庭减少担忧，就是我对教育工作的朴素追求。

︳ 耳濡目染是教育 ︳

即便是现在，回忆起早年与母亲冒黑走田坝、窜村寨，看着母亲在煤油灯下家访的情形，还是历历在目。我时常看得入神，那种一边识字、一边聊生活的感觉真的很美好。

"'休息'的'休'为什么这么写呢？单人旁就是一个人，旁边有木即为树，人累了靠在树旁不就是休息吗？"因为那时村里很多村民文化不高，还有些是文盲，讲得太高深了会显得晦涩难懂。母亲能把识字教得如此生动，在我小小的心里留下了大大的震撼，我那时的偶像就是母亲，她就是我最崇拜的人。

虽然我非常喜欢和母亲去做家访，但是有一点让我很难受，就是每次家访十有八九要挨饿。因为那时母亲在村里的小学教书，要想碰到学生的父母，必须是下午放学后马不停蹄地赶往学生家，忙于农活的学生家长此时刚好回到家里吃晚饭，家长们的饭点休息时间就是母亲开展工作的绝佳时机，这也是母亲反复实践得出的工作经验。

然而我就惨了，因为必须抢时间，饿着肚子家访就是家常便饭了，我有时忍不住想接过家长的碗筷，妈妈就会悄悄把我拉到一边说："人家锅里就这么点东西，你吃了人家就没吃的了！"所以，即便很饿，也只能听从我偶像母亲的话。

那时没有路灯，家访完毕，村民们会打着火把护送我和母亲回到家里。常常是没到家我就在母亲背上睡着了。

我的教育细胞，估计就是在母亲这样的"沃土"培育下，逐渐生根发芽的。小时候母亲总喜欢花费其三分之一，甚至一半的月工资给我和姐姐买小人书，这也为我人生中第一次当"老师"奠定了扎实的基础。

我总觉着在这样的家庭环境下，当老师"有瘾"应该算是耳濡目染下的水到渠成了。在上幼儿园的时候，我就会以满是《西游记》绘画的小人书"引诱"同龄的孩子成为我的"学生"，然后再一起玩抓石子、丢沙包、跳皮筋等游戏，大家玩在一块后，我就模仿母亲手持教鞭，叫孩子们坐成一排，用瓦片在墙上书写汉字和数字，叫他们回答我的提问。

从母亲身上，我学到了认真负责、忘我投入、废寝忘食、与人为善、甘于奉献的教育理念，而我的亲身经历，也让我对寓教于乐有了很深刻的认识。教育工作不是一时心血来潮的喊口号、做样子，更多的时候是成为甘于奉献的"老黄牛"。执着地坚持，拥有"红军不怕远征难"的决心和担当，才能让教育工作常干常新。

山百合花开是春天

在母亲的熏陶下，我迫不及待地放弃了读高中的机会，选择了到师范就读。毕业后，在当时福泉县太平镇曾家湾小学上班的第一天，学校也没惯着我，直接让我"啃硬骨头"——教授小学毕业班语文并担任班主任，同时与校长搭档。

17岁的我需要面对几个难题：学生非常调皮、学习态度非常消极、"问题学生"非常多、在我之前班主任更换非常频繁、年龄最大的学生只比我小四个月。

对于渴望大展拳脚的我而言，自然是不会放过这千载难逢的"好机会"。在综合研判面临的严峻形势之后，我决定与他们进行三场"战役"。

第一场"战役"，静观其变，谋定后动。先不着急上课宣讲知识，而是让同学们了解自己，介绍自己的特长，与他们以朋友的方式和平相处。

第二场"战役"，主动出击，大获全胜。发挥自己会军旗、象棋、羽毛球、乒乓球等优势，组织同学与同学之间的比赛，而我就是最终的"大魔王"，打败我才有资格调皮捣蛋，结果这些学生没有一个是我的对手，开始对我敬佩、服管。

第三场"战役"，乘胜追击，折服人心。把备课这项工作弄成"持久战"，一篇课文会提前一个月甚至两个月开始准备，花功夫对作者进行了解，走进作者创作的精神世界，详细了解作者创作所处的历史背景和情感，把语文课从简单的认字、造句变为通过故事引入，让同学们知晓文字之外的东西，激发学习兴趣。

课堂只是"第一战场"，我还开辟了"第二战场"——建立学生个人档案，注重进行精准击破。我始终认为，教学工作更重要的还是了解学生，要为每个学生建立个人档案，包括其家庭情况如何、兴趣爱好是什么、目前学科掌握情况、最喜欢和最讨厌的是什么，目的是"因材施教"，唯有如此，教育才有实效。

此外，用好母亲教给我的家访"法宝"，形成老师和家长就某某同学成绩提升的"统一战线"，最大限度获得家长支持，以达到事半功倍的效果。

通过三个月，这帮"混世小魔王"对我的态度就从不喜欢到由衷认可，让他们感受到了语文的魅力，收获了自己在教育领域的首个"大捷"。

人们都说，不想当将军的士兵不是好士兵。同样，没有追求的教师也不可能成为好教师，更不可能教出好学生。

机会就是这样不期而遇。有一年的寒假，身在边远山乡的我接到了县城乡视导组的电话，叫我去教育局参加教师培训。就这样，我有幸接触了县教育局教研室语文教研员邓南萱老师。接下来每一次培训我总是坐在前排，认真听讲，详细记录，每一次作业都认真思考，认真完成。邓老师成了我的新偶像，我希望有一天也能像她那样有思想，有内涵，教学教法有理论、有实践。

一年一度的小学语文教师优质课比赛开始了，我怀着激动的心情告诉邓老师想参加。"可以啊，你得从学校赛出才有机会参加县级优质课比赛，我希望在县级大赛舞台见到你。"

邓老师的一席话既是鼓舞，又是鞭策。

接下来就是没日没夜地准备和比拼，经过几轮选拔，我最终进入了县优质课大赛。在最后的决战中，我准备的参赛题目是《荷叶圆圆》。《荷叶圆圆》是统编教材一年级下册"夏天"主题单元的一篇课文，它是一首轻快活泼的散文诗，语句优美，想象丰富。第2—5自然段句式相同，结构类似，且动词使用准确到位，读起来朗朗上口，颇具韵律美。我用多媒体制作了生动有趣的教学PPT，还准备了生字卡片、图片和头饰，引导学生在游戏中学习生字。由于课文充满童趣，句式相同，教学中我创设情境，借助多元的朗读方法，充分调动学生的主动性，引导学生读准字音、读出情感、读出画面，帮助学生学习语言、亲近语言、丰富语言，并感受夏天、大自然的美好。

出乎意外！我的课堂教学展示得到了评委们的肯定，也引发了一些讨论，我因此获得了第一个县级优质课一等奖，这个一等奖就像一颗散发着光芒的星星，指引着我前行的方向。

千磨万击还坚劲

人生就是一条河流，有起有伏，虽然在县里拿了一等奖，但打击很快降临。

依然清晰地记得执教《狼牙山五壮士》时，在场的领导、专家把我的课批评得体无完肤。"对教材的挖掘不深""对学生的掌控不灵活""组织教学能力不强"的点评让我认识到自己的不足。我忍住了即将呼之欲出的泪水，细心听取前辈的意见，总结自己的不足之处加以改正。对于我而言，由于基础学历不高，又处于落后的边远地区，频繁参加比赛接触更专业的教育思想、更厉害的授课老师，迫使自己蜕变，是我一直以来的坚持。通过参加各级教研活动、基本功大赛和优质课比赛，在一次次失败、一次次赛课中积累经验，我也实现了快速成长。

身在山乡，学校的孩子缺少读物，没有良好的阅读习惯，放学后的孩子们更喜欢看电视、玩游戏。当时贵州电视台正在播放《西游记》，这可是大人、孩子每晚必须等候的节目。对执教五年语文教学的我来说，这不正是一个好的机会吗？

为了更好地教学《猴王出世》这篇课文，我提前布置观看任务，设计教学环节。由于有了课前的铺垫，在教学《猴王出世》的课堂上，我鼓励学生走上讲台，说感受、演剧情。孩子们从扭扭捏捏到争先恐后，特别是模仿猴王动作的时候，笑声、掌声不断。连平日里最调皮的学生也听得很认真，甚至还敢到讲台上从容表演。

尝到甜头的我又学着母亲的方法，把家里的《安徒生童话》《神话故事》《小学生优秀作文》和《故事大王》等带到学校和孩子们分享，建立了班级图书角。家里的书读完了，我就到县城图书馆借，再用书包背到学校，后来孩子们最期待的就是在学校山头迎接我。

当阅读的春风吹拂山乡、当阅读的乐趣被孩子所感知，教育工作就有了无限可能，而我也在教育实践活动中对语文教育有了更深的理解。

让农村孩子养成阅读的好习惯，无疑是开启他们"心智"的最佳方式。一方面，我从优化读物、培养兴趣、后期跟踪等方面入手，注重农村儿童阅读文本挑选和阅读质量提升；另一方面，通过讲故事比赛、阅读分享会、编辑手抄报、制作读书卡等方式，激发农村儿童的阅读兴趣，提高农村儿童阅读质量，让乡村孩子看到更广阔的世界。

随着阅读教学的深入开展，孩子们的学习兴趣得到了激发，一通则百通，我们班的成绩总是在乡镇同类学校遥遥领先，甚至超过县里最好的班级。五年的乡村教学让我对教育有了更深入的认识——教育就是用心、用情、用智慧去关注每一个孩子。

培养良好的阅读习惯，既是语文教学的重要任务，也是着眼长远、让学生终生受益的长效策略。我始终秉承"让学生爱上阅读"这一初心，从课程建设与管理、课题研究、教学实践等方面多措并举，综合施策，着力培养学生良好的阅读习惯，全力提升学生的阅读能力。

当前教育环境下，核心素养已成为教育的核心目标，这不仅关乎对学科知识的掌握，更关乎学生的价值观、思维方式、情感态度及社会实践能力的全面培养。而阅读素养的培养则是丰富学生内心世界、提升思维品质的重要途径。阅读能让学生接触广阔的知识天地，体验不同的人生观与价值观，培养同理心与批判性思维。

在小学语文教学中，识字与阅读是基石，更是培养学生核心素养的关键环节。识字教学，作为语言能力的基础，通过有效的策略，可以帮助学生建立对汉字的深刻认知，为日后的阅读与写作打下坚实基础。

鉴于此，我潜心开展低年级智慧教育理念下的识字教学实践研究，构建了智慧教育理念"234"互动教学模式，从教师、学生两个维度，课前、课中、课后三个阶段，以及自主学习、检测评价、学习拓展、智能改进四个环节入手，不断优化教学方法，创新教学思路，有效提高教学效率。

通过在实验班对比教学实践，智慧教育理念的教学法在提高学生识字能力、知识应用能力、评价分析能力以及自主探究能力等深度学习能力方面具有显著优势，这为西部地区学生的深度学习提供了新的思路与方法。

从 2001 年至 2011 年的准备阶段，到 2012 年至 2016 年的实践探索阶段，再到 2017 年至今的理性认知阶段，我在阅读教学的目标、内容与方法上不断深化研究。特别是随着新课程标准的颁布，整本书的阅读与研讨已成为语文课程的重要内容。我聚焦小学语文"元阅读"教学实践研究，关注阅读的起点、核心与根源，致力于培养学生良好的阅读习惯与能力，提升其思维与人文素养。

文化素养的培养非一朝一夕之功，需在日常的阅读、讨论与实践中逐渐积累。在长期的实践中，我深感识字教学与阅读教学的相辅相成，识字为阅读提供基础，而阅读则巩固与扩展了识字学习。二者的有机结合，能够显著提高教学效率。培养学生的阅读兴趣与良好习惯是提升语文素养的关键，通过丰富多彩的教学活动与阅读材料，可以激发学生的阅读热情。

山花烂漫丛中笑

"我希望许过的愿望一路生花，护送那时的梦抵挡过风沙，指尖的樱花如诗写谁的韶华……"每每听到《一路生花》这首歌曲，想到在教育长征路上那些或苦或甜的过往，我总是不能自已。

一路走来，一路生花。总有一束光在照亮我前行的路，那是对教育事业的执着与热爱。我常常在想：教育的归宿是什么？我要做个怎样的教师？

我认为，教育的归宿在于以学生为本，立德树人，培养德智体美劳全面发展的社会主义建设者和接班人。这些年，围绕教育心理学、学科教育、创新人才培养等理论知识，进行了大量的拓展阅读，在教师专业发展、课程建设、课题研究、作业设计等方面进行深度学习，在教学中实践尝试。

2001 年，通过招考我有幸调入了福泉最好的小学——福泉一小。在一小的十年里，我遇见了许多良师益友，也踏上了我专业成长的第一条"快车道"。

2006 年，通过层层选拔，我代表黔南州第一次参加全省小学语文优质课比赛，执教一年级下册课文《奇妙的舌头》，经过评比我获得了此次全省大赛二等奖。我根据这次赛课经历完善教学设计，撰写的教学设计《奇妙的舌头》获教育部西南基础教育课程研究中心一等奖，省教科所一等奖。

2009 年，我有幸被贵州省教育厅评为"贵州省骨干教师"，开启了骨干教师生涯的新起点。

2011 年新课标颁布后，我又参加了几次新课改理念指导下的公开课，公开课由过去的"形式主义"和"作秀"，转变为"表现"和"表达"。教师的责任是引导学生自由地、真诚地、充分地表达自己的所想、所感，引导学生走进文本，培养阅读的能力，感受语文的魅力。

2017 年，通过层层选拔，我再一次站上了贵州省小学语文教师技能大赛赛场。十年的沉淀，十年的磨炼，让我更有自信迎接挑战。由于我的毛笔字、课堂展示及普通话三个单项尤为突出，最终以优异成绩获得了总评一等奖的成绩。

2018 年 2 月，我被贵州省教育厅授予"贵州省教学名师"称号，被省小语会评为"优秀教师"。2018 年 12 月，我被贵州省委、省人民政府授予"贵州省特级教师"荣誉称号。

"一个人可以走得很快，一群人会走得更远。"教师专业成长需要一个成长平台，一个携手合作、互相扶持、共同分享智慧的团体，才能及时解决教学的困惑，增加应对学生问题行为的方法与策略，促进教师专业化发展。

2020年，在疫情的影响下，当年春季学期延迟开学。为完成疫情防控期间省厅既定的"空中黔课"录制任务，建立覆盖基础教育全学段的"空中黔课"课程资源，根据上级安排，我的工作室承担了"阳光校园　空中黔课"全省二年级语文第三单元、第七单元的录课工作。

对于习惯课堂教学的教师而言，面对镜头这种前所未有的教学模式难免让人感到紧张和忐忑，一句话有时得反复录好几遍，往往两三次才能得到一节满意的课。平时备一节课最多两个小时，但是在备网课时，至少需要一个星期。

为了不影响录课进度，工作室的老师几乎天天吃泡面。累了就在教师桌上靠一会儿，感冒发烧，也要坚持录完课才去输液。白天黑夜，一节课看似短短30分钟，却凝聚着工作室整个团队的心血和努力，也让我们感受到了整个团队的责任与担当。

为了让每一节课都能够更加完美地呈现，工作室全体教师用技术跨越障碍，用数据衔接课程，终于在规定时间——大年三十前一天完成录课任务，引导学生在知识的海洋中扬帆远航。

2023年12月，我有幸成为教育部"双名计划"（2022—2025）培养对象，并组建了国家级颜金松名师工作室。

工作室以"专业引领·同伴互助·共同发展"为宗旨，以"追光而遇，沐光而行；立己达人，笃行致远"为工作理念，立足课堂，落实立德树人根本任务，建设融科学性、实践性、研究性于一体的区域教师研修共同体，实现从"我"走向"我们"，促进区域教育均衡发展。

作为名师工作室主持人的我，先后带领团队立足课堂教学，落实立德树人根本任务，在贵州省先后建立18个工作站。

从市内乡镇到黔南州其他县市，到省会贵阳，再到与省外名师工作室进行送培送教及联合教研，完成国培计划活动30多次、讲座20多次，培养了各级骨干教师、教学名师，为区域教育注入了新鲜血液，使教师的专业素养得到有效提升，并引领教育向纵深发展。在传、帮、带、引中，我对"立己达人，笃行致远"的理念有了更深的体悟。

教育家，何以为"家"？当呕出一颗执着的心来为教育，无怨无悔。

安昊：探境·入境·化境

名师档案：安昊，正高级教师，教育部"双名计划"（2022—2025）入选名师。获得"全国优秀语文教师""青海省'昆仑英才·教学名师'"等多种荣誉称号。

"安老师，我有一个大单元的教学设计构想，您能帮我指导吗？"这是一位青年教师在 QQ 中发来的信息。

"安老师，我压力大，我担心……"这是远在上海参加国赛的青年教师在凌晨打电话倾诉心声。

"安老师，我太喜欢工作室的氛围了，大家就像一家人，不遗余力帮助每一位老师！"这是刚加入工作室的老师给我的微信留言。

"安老师，我在国赛中获奖了，感谢您和工作室！"这是刚刚获奖的老师发来的喜讯。

……

这么多年，总有人问我：为何总为他人做嫁衣？你究竟在图些什么？回想从教的 29 年，我曾有孤勇者一般独自在黑暗中摸索而不知路途的迷茫和困惑，更有过被前辈们指导前行，看到"柳暗花明又一村"的喜悦和舒畅。因为懂得，所以共情。我知道青年教师急需什么，我应该做些什么！

探境，自山花烂漫时

34年前，西宁市康东中学（现青海师范大学附属第二实验中学）高二年级的学生文理分科时，有一个全年级数学考了唯一满分的学生，毅然选择了文科，引起了轩然大波。这个学生，就是我。选择文科，只因对语文的挚爱。

29年前，大学刚毕业的我，回到母校任教。在人生最好的季节，做着自己喜欢的事情，无限美好。我遇到对年轻教师极为严格的庞天才校长，他最喜欢说的话就是："我要让你们跳起来摘桃子！"在这种"高压"下，我一点也不敢松懈，深读教学类书籍、研究教学方法、探索管理艺术，是我的主要生活和工作内容。康东中学是中国水利水电第四工程局的子弟学校，高中学生入学的门槛较低，针对学情，我不断在探索适合薄弱高中的教学方式与方法。当时，青海使用人教版教材，教材按照文体编写单元，在教授文言文前，我总是腾出整整一周的时间，先给学生讲授最基础的古代汉语知识，之后再以课文文本为例，打通古代汉语知识，归纳总结、不断提升。这种适应本土学生的教学探索得到很好的效果，大大激发了学生对古汉语书籍的兴趣。

何其有幸，我遇到生命中第一位良师——梁肇响老师。

记得 26 岁时，我代表西宁市参加青海省优质课大赛，比赛的题目是《卫风·氓》，梁老师一直伴随着我，为我打磨课例，比如教学环节的过渡、教学语言的严谨、教学姿态的从容……一丝也没有放松。在梁老师和我的不断磨合中，我获取灵感、得到启发，从激趣入手，先给学生们讲了孔鲤学诗的故事，随后采用"四步读诗法"授课：一读，读准字音与节奏；二读，读懂诗意与内涵；三读，读出女性觉醒；四读，领会艺术手法。教学以非物质文化遗产"青海花儿"收尾，在课堂掀起了高潮。苦心人，天不负，比赛获得了全省一等奖，这是我教学生涯的一个良好开端。

在西宁市康东中学的八年期间，我得到诸多比赛的机会，每一次比赛，都是一次锻炼的机会。经过一次次涅槃，我形成了个人浅层次的教学风格。山花烂漫时，我慢慢探索适合自己的语文教育教学的方法、特点、规律，在语文的陪伴中逐渐丰盈。

▎入境，于石径有阶处 ▎

21 年前，为了有更广阔的教学发展空间，我调入青海最好的高中——青海湟川中学任教。全省最好的学生和优秀的同行们倒逼我努力些、再努力些！在青海湟川中学任教的八年间，我又多次代表西宁市参加了省赛、国赛……

清晰记得 2006 年 5 月 22 日，青海省教育学会语文教学委员会为了推动新一轮课程改革，特意邀请了全国语文教学专家李镇西先生前来讲学，我作为青海省语文教师展示了一节课例《窦娥冤》。课例展示结束，李镇西老师点评时说道："观课时，我觉得台上站的不是安昊老师，就是窦娥本人。"此言一出，大家会心而笑，这句话，就是对我的最大褒奖。

这么多年，我一直强调文本解读的重要性。一位优秀的语文老师，绝不是简单的教师用书的"复读机"，而是将个人对文本的解读作为文本到课堂的桥梁。没有对文本的深度解读，何谈课堂的灵魂？好的语文教师，要学会"输入"与"输出"的两次转化。教师自己首先应该把教材文本吃透、读懂。教师的吃透、读懂是进行教学的前提条件。所谓吃透、读懂，就是"拉近距离"去读"这本书"内部的、深层的精细处或者幽微处，然后又"拉远距离"去读"这本书"叙述或论证的层次、脉络、线索、规律等，进而能探秘到书的内在构成与思想内核。只有吃透、读懂、探秘到文本的精髓处，才能将文本的精要输出在课堂中。缘何李镇西老师说安昊即窦娥？就是因为对文本浸入式的探究性阅读、对主人公的情感融通、对课堂教学的反复观照。

2010年，青海省正式进入了上一轮高中新课程改革。新课程改革从"走近"到"走进"我们的语文教学，在我们的语文教育教学领域出现了许多可喜的变化，取得了不少丰硕的成果。我对新课程已由当初的学习、理解、接受，逐渐进入到反思、扬弃与提高的阶段，既在慢慢渗透新课改的基本理念，同时也在保持我国语文教学的优良传统。

两千多年前，孔子跋涉在语文的长河边，寻觅着语文教学的渡口，也给后人指点着迷津。两千多年后，我们并没有因为古人的不朽思想而停止对渡口的寻觅，面对新课改中纷繁复杂的诸多问题和困惑，我们寻觅的方向和手段也各不相同，有的人在对语文教育进行理论的思考，有的人在对现行的语文教育现状问难质疑，有的人在教学一线的实践中仔细探索，有的人在各种教育思想中寻找支持……而我，则在上一轮课程改革的路途中找到了渡口，那就是在学科教学中体现"以人为本"的理念，尊重学生的个性化发展。

　　"以人为本"是高中语文新课改的根本理念，同时也要求尊重高中生的人生历程的发展需要，尊重他们作为人的人格和尊严，尊重他们的个体差异和个性发展的需要。这个阶段，"以人为本"的课改理念为我后期凝练"以文化人　以德润心"的教育教学思想打下了坚实的基础。

　　13年前，我调入西宁市教育科学研究院任高中语文教研员。其间，我有了更多的机会去学习教育教学理论，去了解更多的不同层级的学校需求，去接触更多的亟待成长的青年教师群体。

　　很多的青年教师有专业成长的诉求，但是在深入学习《普通高中语文课程标准（2017年版2020年修订）》和教育部统编教材的过程中，出现了一些困扰他们的问题和瓶颈，这些问题和瓶颈直接影响到了教师的专业成长和学生的素养提升。在他们艰难探索的过程中，时而精神振奋、时而迷茫惆怅。有时，过分关注"法"却忽视"道"；有时，过分关注

"技巧"却忽视"灵魂";有时,过分关注"灌输"却忽视"创造";有时,过分关注"分数"却忽视"素养"。

这些有成长诉求又没有方法路径的老师们让我想起了青年时的自己。有时,只需要一次轻轻点拨,这个老师就有可能走上"快车道",成长为栋梁。助力青年教师的成长,就是我组建工作室的初心,也成为了我的使命与担当。目前,新一轮高中"三新"课程改革正在进行,"西宁市高中语文学科'三新一体化'人才队伍建设"项目正式启动!

2019年,西宁市高中语文安昊名师工作室挂牌成立;2021年,青海省"昆仑英才·教学名师"安昊工作室启动;2022年,中共西宁市委组织部高中语文安昊名师工作室挂牌成立;2023年11月,教育部"双名计划"(2022—2025)安昊名师工作室由教育部教师工作司和上海师范大学培养基地正式授牌。

初建工作室时,我深入思考了三个问题:组建工作室的"初心"是什么?我想要抵达怎样的彼岸?我将通过怎样的路径抵达彼岸?

选拔工作室的成员时,我提出了"三个三"的要求:谨遵"三本"——本心、本职、本分;力求"三干"——愿干、能干、勤干;恪守"三大"——大格局、大视野、大任务。我的愿景就是带出一支有素养品质、有教育情怀、有教学实力、有使命担当的高中语文教师队伍。期待团队能够立足教学研究、碰撞教育思想、领跑本地学术。在崎岖的石径处,我们找到了适合的阶梯!

化境，在雪域高原之巅

为了寻找到适合的台阶，探索出合适的路径，我全盘规划，从四个方面开展工作——

第一，聚焦主持人的自身发展。从一位"教师"到"名师"，我规划了明晰的发展路径：一是通过理论和实践结合，建立鲜明的教育教学思想；二是通过潜心学习、激发认知，建立扎实的知识体系；三是通过专家指导、开拓创新，具备完善的科研素养；四是通过联校帮扶、送教送培，引领辐射青藏高原本土教育发展。

第二，规划名师工作室的运行策略。我制订了工作室成员进阶式培养方案，通过目标导向、问题导向、实践导向，让工作室成员拓展视野、表达主张、成果输出。最终，使工作室形成"伙伴式"学习共同体和工作室文化。

第三，注重教育教学思想的凝练。这些年，我将"以文化人 以德润心"作为我的教育教学理念，习近平总书记说"以文化人，更能凝结心灵"，以德润心，亦能滋养心灵。在教育理念的引领下，我着力由"注重知识传授"向"注重学科育人"转变，由"注重个人成长"向"引领团队成长及辐射教师成长"转变。我的实践导师、上海市名师王伟娟老师说："以文化人 以德润心"这八个字看似平易，实则内涵非常丰富。是的，中国的哲学就是"大道至简"，"以文化人 以德润心"这八个字看似平易，实则做起来不容易，"以文化人"的"文"字要显示出教师深厚的教学功底和课堂驾驭能力，否则如何"化人"？这是语文学科的"工具性"。"以德润心"更是凸显出统编三科教材课程思政的特点，加强情感教育、德育教育，这就是语文学科的"人文性"。而语文学科的"特质"就是"工具性"和"人文性"的统一。

第四，着力教育成果的形成及推广。我们以"西宁市高中语文学科'三新一体化'人才队伍建设"为主线开展了各项工作："三新"即高中的"新课程、新教材、新高考"，三条路径的探索皆以落实学科核心素养为主体任务。

经过五年的工作室活动，我收获了在雪域高原之巅绽放的那些彼岸花——

彼岸花一：聚焦课改，传经授道。我从一线中来，又是教育教学研究的实践工作者，因而在开展教研工作时，尽所能地立足于一线教师的需要，着眼于具体问题的解决，致力于新课改中出现的诸多问题的策略研究。工作室借助多个平台，开展了多场教研、讲座活动，地域辐射全国、省、市州及各县区，展现了工作室心怀教育理想、不忘教育责任、勇于开展课改研究的担当与能力。

彼岸花二：课堂诊断，交流研讨。工作室聚焦课堂教学与课程改革，着力教学设计的精心设计开展活动。无论单篇教学、群文教学还是单元统整教学，皆以落实学科核心素养为教学目标、以学习任务为导向、以学生实践活动为主线、以学习项目为载体，做到议题统整、关联整合、任务驱动。这些教学设计，追求"单元统整"的格局，走向"任务群"的深处，避免"浅、碎、散、乱"，追求"精、醇、深、厚"，贯通了学习任务群单元教学的核心线索，钩织起学习任务群单元教学的结构逻辑，确保了学习任务群单元教学的价值实现。工作室在取得新教材教学设计和实施一定经验的基础上，走进西宁市及各市州不同学校语文教研组，把教研活动与提高课堂教学效率、解决实际问题、提高教师业务能力、打造专家型教师队伍结合起来，达到了辐射引领、共促提升的良好效果。

彼岸花三：课题探索，同研共进。高中教育课程改革是一个漫长的过程。高中教育课程改革涉及的层面很广泛，但最接地气、最有难度的改革是课堂教学改革。有继承才有创新，在传承经典篇目分析和优秀传统文化的基础上，构建有中国特色的现代课堂教学，是我们必须走的一条改革之路。聚焦课堂教学，我们围绕高中"三新"课改，开展了"指向学科核心素养的语文学科新高考备考策略研究""以学习任务为导向的高中语文大单元教学设计与实施路径研究""新课标背景下基于语文学科核心素养的群文阅读教学模式研究""高中语文'整本书阅读与研讨'的探索与研究"等多项课题研究。这些课题基于立德树人的根本任务，对教育热点、难点、痛点进行探索与研究，提高了教师研究能力，促进了教师专业成长，推动了青藏高原的教育高质量发展。

彼岸花四：送教下乡，互助共赢。工作室应新疆维吾尔自治区喀什地区教育部门、果洛藏族自治州教育局、化隆回族自治县教育局、玉树藏族自治州教育局等的邀请，在多个乡村民族学校开展"送教下乡"教研活动。这些聚焦于"三新"课程改革的送教送培活动，搭建了城乡教育联系的桥梁，开阔了教师的教育视野，助推了基层教师专业成长进程，为促进城乡教育均衡发展、实现城乡教研资源共享贡献了一份力量。

彼岸花五：同心同德，凝心聚力。比起上述的成果，更让我骄傲的，是五年间收获了一批情怀有高度、教学有厚度、思想有深度、影响有广度的"四度"教师。如果有人问我"你的团队有什么特点"，那我会毫不犹豫地回答："同心同德，凝心聚力！"比我年长的王琦老师，是工作室的"大师兄"，他就像是"大家庭"的家长，虽然多次在国赛中取得殊荣，但是他常常谦逊地说："我是语文百花园中的小学生。"李鸿瑜老师，是工作室的大管家，从工作室的设计布置，到每一次活动的开展，都融入了诸多心血，用她的话说："每周最盼望的事情，就是工作室的活动！"赵海龙老师，在海拔 4200 米的果洛州玛沁县第一民族中学当了三年一把手校长，教育教学质量明显提升，中考升学率由三年前的 40% 到 87%。学校形成了"格桑花"校园文化品牌，引领全州校园文化建设，外县的学生和家长争先想转学到玛沁一中。他在用行动践行工作室"以文化人　以德润心"的教育主张！

……

很多人说，我提起工作室的成员如数家珍，是的，他们是我最珍贵的收获，是我的彼岸花园中最靓丽的风景！

我国教育的短板在西部地区，在农村地区，在老少边穷岛地区。我们是西部地区的名师工作室，在课程改革之时，对高中语文教育教学展开先行研究和实践是责任，更是担当！在雪域高原之巅，我们将把凝结着工作室全体教师智慧结晶的三本成果集《基于学科核心素养的高中语文统编教材大单元教学设计》《由文本读进去　经实践写出来》和《指向学科核心素养　领悟整本书深度阅读》赠送给全市的高中学校以及全省有需求的农牧区薄弱学校，供老师们借鉴参考。

我们行走的每一步，都有诸多良师益友的陪伴。我们学习、内化、升华，让本土教育努力追赶教育发达地区的步伐，共同发展与提升。期盼本土的高中语文教师们能创造性地将"三新一体化"人才队伍建设的成果运用到具体的教学实践中，用无尽的探索去成就个人的大语文天地，体验专业生命成长的价值追求！

在工作室挂牌仪式中，我的实践导师王伟娟老师送来寄语："为师不易，惟其不易，更需努力！"走过的道路，已留下深深浅浅的足迹，在语文教育教学的路途中，回望每一步语文教学实践研究的路程，都有收获、有反思、有成长。最关键的，是不忘语文教学之本，拥有一颗初始之心。作为语文教育工作者，我永远在路上；在语文教育教学的路上，我永远是不断收获的行者！

我也期望通过梯队人才培养、数字智慧教育推广、学术成果共享、教育均衡优质发展等途径，挖掘教师的教学潜能，培养学生的学习兴趣，搭建师生共研的平台，引领本土教育的发展，践行"以文化人　以德润心"的教育教学理念，让教育之花在雪域高原之巅绽放！

许发金：根植课堂，心向高远

名师档案：许发金，福建省特级教师，正高级教师，教育部"双名计划"（2022—2025）入选名师，教育部"国培计划"专家，两次荣获福建省教学成果一等奖。

　　这是一个被青山绿水环抱，却交通不便、信息闭塞的小村庄。1976年正月的一天，一声婴儿响亮的啼哭打破了凌晨的宁静，我就这样出生在了福建省寿宁县凤阳乡福后村一间破旧的小土屋里。我的父母都是朴实善良的农民，他们辛勤劳作，用双手在这片土地上耕耘着。我的出生给这个贫困的家庭带来了欢乐与希望。那时候的我，并不知道外面的世界有多大。

　　到了上学的年纪，我走进了村里那所唯一的学校——福建省寿宁县凤阳乡福后小学。一间间教室墙壁斑驳，窗户有些透风，桌椅也都破旧不堪。但就是在这样的环境里，我对知识产生了浓厚的兴趣。我暗暗下定决心，长大以后要成为一位播种知识的人。

每天放学回家，我不仅要帮父母干农活，还要在昏暗的灯光下完成作业。夏天有蚊虫叮咬，冬天手脚冻得通红，但我从未有过一丝懈怠。因为我知道：这是我走出大山唯一的希望。

为了节省住宿费，在凤阳中学就读的三年我选择了走读。那段日子虽然辛苦，但我心中始终有一个信念：一定要通过学习改变命运。

功夫不负有心人，我以优异的成绩考上了福建省福安师范学校，当收到录取通知书的那一刻，我泪流满面，我知道，自己离梦想又近了一步。师范学校生活丰富多彩，但我始终没有忘记自己的初心。我努力学习专业知识，积极参加各种实践活动，不断提升自己的教学技能。毕业后，我如愿回到了家乡，成为了一名山村教师。看着孩子们那一双双充满渴望的眼睛，我仿佛看到了当年的自己。

凭着锲而不舍的探索精神，我从闽浙交界的山村小学，走到县城，走到设区市教研员的位置，成长为福建省教学名师，特级教师，正高级教师，教育部"双名计划"（2022—2025）入选名师。吸纳相关理论营养，研究语文课堂，我在小学语文教育领域不断累积着经验、知识、能力与智慧，逐渐形成自己特色鲜明的"小学语文范本教学"的主张。

▎ 问题意识与责任担当 ▎

当一名教师，尤其是当一名山村小学教师，能顺利完成自己的教学工作，已属不易。完成本职工作，还能发现、关注一个普遍存在的问题，当然非同寻常。刚刚踏上教学工作岗位，我就以敏锐的专业之眼与责任担当成为很多教师眼中的"非同寻常的老师"。

1995年8月，我毕业分配到寿宁县凤阳乡北山民族小学任教。这所学校坐落在闽浙交界的大山怀抱之中，全校有六七十个学生，五个公办教师。因为地处偏僻，交通闭塞，很多教师都不愿到这里工作，新来的教师待满一年也都纷纷申请调动，教学质量不容乐观。在这所学校工作期间，我发现当时山村小学语文教学普遍存在教学目标模糊、教学重点不明、课堂教学效率低下的问题。为此，我揪住问题，认真梳理，开始在自己的课堂教学中尝试解决问题的实验，为改进山区语文教育贡献智慧。

1999年2月，我调到了邻近的廷家洋小学，之后又调到了大石小学。我在前期调查的基础上，提出了小学语文"一点突破法"的教改思路，力争通过自己的努力改变小学语文教学效率低下的现状。这一所谓的教改实验，完全是一个土法上马的工程，没有申请立项，没有课题开题，更无专家指导，全凭着一个青年人的热情、责任感与勇气，我带领本校几位老师，怀着"一课一得，服务学生"的初心，"悄悄"研究起来。"一得"成为教学的目标、教学的重点，成为我们力求通过小学语文教学帮助学生学会的知识与能力。这样一来，老师们就有了明确的教学目标意识，教学重点也变得非常突出，课堂教学效率大大提高，学校的语文学科成绩也挤入了全学区中上水平。

八年的山村语文教育改革，良好的实验成效引起了凤阳学区领导的关注，林琼明校长、缪经炉副校长多次深入学校听课教研，给予了充分肯定。实验也从一所学校，扩展到几所学校，最后吸引全学区所有学校都加入进来。我也因此成了全学区乃至全县的草根版"教改明星"。

我在专业生涯的起点，就具有强烈的问题意识与责任担当情怀。特别是对小学语文课堂教学效率低下问题的捕捉、梳理与求解，不断推动着我探索的步伐，我不以取得的成绩为满足，而希望由此出发，探索出满足时代要求的小学语文教学之道。当年的学术星火，已经孕育了我后来提出的"小学语文范本教学思想"的胚胎。

实践取向与效用为先

"一点突破法"的教改实验成功，给我带来了光环，却没有让我陶醉。我开始思考进一步探索、破解教学目标模糊、教学重点不明、语文课堂教学效率低下的问题：更为精准、更完整与更具普遍性的小学语文教学明晰的路径与基本步骤在哪里？

2003 年 8 月，我通过公开考聘调入到寿宁县鳌阳中心小学，这是一所有着百年办学历史的县城学校，站在新的起点，我的语文教学研究又该何去何从呢？我在总结"一点突破法"教改实验成果的基础上，进一步提出"小学语文锥钻式教学"

的研究思路，即针对课文学习中最敏感、最关键的部位（环节），进行由浅入深的锥钻学习，以强化阅读体验，提高教学效果。所谓"小学语文锥钻式教学"，是我在研读一些著名的语文教育学者如王荣生、李海林、郑桂华等的观点后形成的语文教学思想。学者们提出"一堂课的教学内容要相对集中""重视文本的核心教育价值"等观点，使我深受启发，我明确了语文课程教学的聚焦重点——"致力于培养学生的语言文字运用能力"。"小学语文锥钻式教学"，主张针对课文学习中最敏感、最关键的部位（环节），进行反复多次的锥钻学习，以强化阅读体验，取得多快好省的学习效果。这一过程，犹如以锥钻洞，持之以恒集中精力撞击一点，必将产生事半功倍之功效。

作为一位立足课堂、扎根泥土的教育探索者，我不像一些理论家那样讳病忌医，忌谈教学的操作流程，而是正视山村小学语文师资力量薄弱、教研水平较低的严酷现实，探索并尝试提出解决问题的教学基本步骤。我的探索表现出强烈的实践取向，即以解决实践问题为追求，以实践改进为目的，以教学成效高低为评判标准。

"锥钻式教学"直面小学语文，尤其是山村小学语文教学问题，以培养学生语言文字运用能力为重点，将思想认识、情感态度融入言语的理解与表达能力的培养之中，达到语文教育工具性与人文性的统一以及"三维目标"有机整合。"锥钻式教学"提出，教学过程要创造条件，引导学生钻研文本，在主动积极的思维和情感活动中，加深学生对课文的理解和体验。教师创造出更多的时空条件，保证学生有更多的机会潜入文本语言，与文本产生多方位、多层次互动，提高学生语言实践的频率。同时，通过聚焦课文核心内容，挖掘课文个性化的言语表现，引导学生把注意力放到体察、领悟课文"例子"的个性特征上来，真正发挥课文的"例子"功能。

2008 年 11 月，全国第二届苏教版小学语文教科书课堂教学大赛在江苏南京举行，我执教的《姥姥的剪纸》一课，体现了"锥钻式阅读教学特色"，荣获现场赛课一等奖，受到好评。这一时期，我的"小学语文范本教学思想"开始进一步明晰。

｜ 泛观博取与淬炼成形 ｜

2009 年 10 月，我有幸调入福建省宁德市小学教学研究室，成为了一名小学语文教研员。语文课程与教学如何落实立德树人的根本任务，学生语文核心素养培育如何才能落地生根，成为很长一段时间我思考的新问题。我认为，语文学科核心知识与能力是语文学科最基本、最有价值的构成要素。阅读教学中的关键知识与能力发展点，就是与阅读教学目标高度吻合的阅读教学内容，构成引导学生开展文本解读的主轴与基础，也因此成为教师精选教材资源的依据，任何开放性的课堂阅读教学活动都应围绕这一主轴展开。因此，在前两个课题研究的基础上，我明确提出"小学语文范本教学"的主张。

所谓"范本"，即学生学习国家通用语言文字运用的模范样本，主要体现在学习单元选用的典范性文本及练习系统指涉的语文实践活动，并以主题统整语文生活形式凸显学科育人价值。"小学语文范本教学"，即根据儿童语文学习规律及文本特点，以典范性文本为学习中介，引导学生重点学习课文的"经典语料"，品味其中的精彩、精要、精妙、精华，在情境亲历中激活文本内蕴的言语经验、思维方法和思想情感。教学过程与言语知识为载体，推动学生与"范例"深度接触，发现问题，解决问题，以此训练学生独立思考和推理判断的能力。这一教学思想，注重教学过程中学生个体经验与文本智慧的对接，注重课堂教学与生活世界的融通，这样，"致力于培养学生的语言文字运用能力"的小学语文教学，同时具有促进学生全面发展、个性化发展与和谐发展的深厚价值，从而也利于实现学生语文核心素养的培育。

　　"小学语文范本教学"，秉持当代马克思主体性思想，探索语文素养形成机制及概念框架，拓展多维度主体性语文活动教育空间，实现从西方认知主义背景的"范例"教学蜕变为中国本土关注实践主体性的"范本"教学。显然，这是一项十分艰苦的探索。在国家政策与前人智慧中寻找理论根据，是我探索的基础性工作。为此，我潜心研习语文课程标准的有关论述，反复研读一些著名语文教育研究者相关研究文章，力争全面把握语文学科核心素养的内涵，探索小学语文教学落实语文核心素养发展的路径与方法。我从著名学者黄克剑范本教育论述中寻找根据，从心理学家M·瓦根舍因的范例教学理论中寻找智慧，借鉴叶圣陶"例子说"的语文教育思想。叶圣陶先生提出："语文教本只是些例子，从青年现在或将来需要读的同类的书中举出来的例子；其意是说你如果能了解语文教本里的这些篇章，也就大概能阅读同类的书，不至于摸不着头脑。所以语文教本不是个终点。从语文教本入手，目的却在阅读种种的书。""语文教材无非是个例子，凭这例子要使学生能够举一反三，练成阅读和练习的熟练技能，因此，教师就要朝着促使学生'反三'这个目标精要地讲，务必启发学生的能动性，引导他们尽可能自己去探索。"我从这些精辟的论述中体会到，小学语文范本教学在语文核心素养理念指导下，尤其需要探索"教是为了达到不需要教"的方法。

"小学语文范本教学"历经"范例性""整体性""主体性"研究三个阶段，总体上建立以"语文育人价值范式"统领的"教学概念框架——教学问题解决""学习任务分析——教学地图设计"双轨并行教学理论模型，从"质"上提升语文学科立德树人的实效性。在教学策略上，以"关系思维"代替"实体思维"，对范导儿童最佳生活方式、提升语文学科育人水平更具针对性。研究成果《小学语文范本教学的探索与实践》荣获 2020 年福建省基础教育教学成果一等奖，标志着在以培养学生语文核心素养为根本目的的时代背景之下，"小学语文范本教学的思想"已经初步淬炼成形。

毋庸讳言，这是一项十分艰难繁重的探索工作，探索的道路上，不但布满了理论的荆棘，同时处处埋伏着实践的陷阱，创建一种具有理论高度，又有指导实践的生命活力的小学语文教学主张，面临着诸多"险峰与峭壁"，需要我在未来的研究中"上下求索"。

团队示范与协同发展

2019 年 12 月 17 日至 18 日，国家数字教育资源公共服务体系应用"教研共同体协同提升试点项目"工作部署会在云南省沧源县金佤国际酒店召开，经过教育行政部门层层推选，我有幸成为该项目全国 29 个名师团队负责人之一，开启了我的跨区域远程教育帮扶之旅。

一花不成春，独木不成林。团队以"互联网＋教育"为平台，以"基于'范本语文'的跨区域单元同步教研资源的设计与应用模式研究"为抓手，进一步细化研究内容，通过合理开发选文段落的多角度教学价值，引导学生重点学习课文的"段落语料"，引发学生以典型段落为单位进行深入研读，以发展学生解决真实语言文字运用情境问题的真实读写学力，实现从"范本教学"到"段落教学"的迭代升级。

团队的每个成员用一支名为"互助"的彩笔，共同创造着"爱"的斑斓。团队通过全景学习平台，利用先进的互联网技术，将团队资源源源不断地输入薄弱地区基层学校，通过名师示范课、同步教研、异步教研等方式，协助解决试点学校现实教学中的问题，促进城乡教研共同体形成。团队教师培训以教学设计和磨课研课为杠杆，围绕帮扶主题，设置学习任务，将集中研修的理论学习、教师个体思考和实践操作整合，强化团队教师的做中学，面对面解决研究中遇到的问题。团队成员的科研意识和专业素养得到提升，为教师深入推进课程改革、转变教学观念提供了重要思路和宝贵经验。

针对在疫情背景下的单元整体教学，团队因地制宜进行了单元范本教学的探索，在实践中总结提炼出了"十字形"教学原理，从单元纵轴和单篇横轴上落实"教读—扶读—放读—用读"的学习时段目标，强化实践取向和教学成果转化，打造特色教学，促进帮扶增值提效。同时，结合单元特点和教师个性，形成创新课型：精教细学课，旨在举例子、给方法，引导学生对文本中的精妙之处进行品读赏析；自主品析课，即学生运用精教细学课学得的方法，迁移到略读课文中进行自主实践；运用创作课，旨在为单元习作"蓄能"，让学生完成从读到写的"华丽转身"；诗词拓展课，即运用对比阅读的方式来学习古诗词，带领学生走进中华优秀传统文化的"百花深处"。

自 2019 年教研共同体成立以来，许发金名师团队深入研究，整合资源，跨区域远程帮扶全国 80 多个试点县，启动远程同步示范课教学，为甘肃省天祝县炭山岭镇金沙小学、贵州省花秋镇中心小学、云南省北浦小学、内蒙古乌后旗二完小等校学生上课。特殊的课堂，师生远隔万里，却能顺畅互动；老师们线上相聚，用心聆听，深入思考。由于帮扶成效显著，团队经常受到教育部项目办的通报表扬和试点学校的普遍好评。

团队还通过创办"宁川小语"微信公众号，常态性开展"周三云教研"活动，进行更大范围的示范引领，促进了"数字资源＋教学服务"模式城乡教研共同体的形成，提升了教研工作的针对性、有效性和吸引力、创造力。

2023年11月，教育部"双名计划"（2022—2025）许发金名师工作室成立。团队以"教育帮扶，筑梦远行"为愿景，以协同提升教师教科研水平为目标，继续深化"小学语文范本教学"研究，朝着发光发亮、释放巨大能量、照亮一方的方向前行。

代忖：基于生命成长的育人追求

名师档案：代忖，河北省特级教师，正高级教师，教育部"双名计划"（2022—2025）入选名师，河北省燕赵名师。

躬耕教坛 20 多年，回首走过的路程，可以说平淡又热烈，沉稳又激情，多彩又纯粹，我的教育梦，在教育之路上一路播种，一路收获，不知不觉进入到了新时代。还记得儿时父母在我耳边的碎碎念："女孩子，长大后当一名教师，工作稳定，受人尊敬，教书育人是一件功德事。"那时起，做一名好老师的种子就在心里种下了，之后不断地生根发芽，开花结果，尽管中途有一些诱惑和打击，但从来没有动摇过做一名好老师的信念。老师，这一亲切的呼唤，代表了一份不可动摇的信任，承担着一份不能推让的责任，蕴含着一份难以遗忘的爱。我们的工作对象都是正在成长中的生命，每一个都如此不同，每一个都如此重要，他们都对未来充满憧憬与梦想。他们有赖我们的指引、塑造及教育，才能成为更好的自己。该如何做才能不辜负生命，担得起教师这一角色，成为我教育教学路上探寻的问题。

先有父母心，再做教书人

有梦想的童年是快乐的，每天放学后我会用土坷垃在墙上写字，模仿老师的样子，甚至一颦一笑。高考填志愿的时候，所有的志愿都是师范类，2001年大学毕业后，我如愿以偿地成为一名人民教师，从此开始了我的教师职业生涯路。我非常幸运，一毕业就入职于全国名校——河北衡水中学。但在当时，衡水中学知名度并不高。其实，衡水中学位于河北省衡水市，衡水原来是一个县级市，后来升级为地级市。犹记得自己初到衡水中学报到时的情景，门前的道路都是土路，尘土飞扬，晴天一身土，雨天一身泥。教职工宿舍是正在改造的半截子楼，四个老师在一个宿舍，由于楼道里有老师们的生活用品、柴米油盐，所以经常有老鼠出没。但即使这样的生活条件，丝毫没有影响我的工作热情。

我入职后的一个重要角色就是班主任，班主任工作一干就是20多年。班主任工作是很多老师心中敬而远之的角色，因为它对老师要求高，付出多，责任大。在衡水中学，高一新生入学的第一课是军训，有一天军训中途休息后再集合时我发现班级少了一个男生，同学说去厕所了，但等了好久都没有回来。正在焦急时，一位男老师对我说，厕所里有一个男孩可能内急，拉裤子里了，不敢出来。于是，在男老师的帮助下，我带着这个孩子到了宿舍，他自己换了衣服，我到水房把他的脏衣服、鞋袜都给洗干净了。当时，一位教育处的老师在宿舍楼执勤，看到了这一幕，他说："小代，你还给学生洗衣服?"我简单地说了一下情况,他对我竖起了大拇指,说:"太难得了,这样的脏衣服可能只给自己的孩子洗过。"我说:"假如我是这个孩子,我肯定怕被同学们知道,我赶紧把这些清理了,孩子就没有什么心理负担了。"这个小男孩第一次住校,性格有些内向,不善言辞,但他特别感激,在后来的班级事务中,他特别热心,经常帮助其他同学。先有父母心,再做教书人成为我从教的准则。

教书的目的是育人,育人先育心,从心里爱学生,学生能感受到的,爱是透明的,爱也是可以传递的。高考结束后,按照惯例我都会给我的学生上最后一节班会课,班长神秘地把我请到讲台上,说要代表同学们送我一个礼物,也就是他自己作词作曲并亲自演唱的嵌有我的名字的歌曲《代我思忖》,他把高中三年老师的付出、学生的成长、对老师的感恩和对未来的期待都写进了歌词。看着孩子倾情地演唱,我激动得热泪盈眶,觉得拥有学生们的爱戴,我是最幸福的人。这首歌曲网上的点击率还是很高的。

作为老师,时刻想到"假如我是这个孩子,假如这是我的孩子,我该怎么办",教育这一问题或许就有了答案。

孩子的青春只有一次

随着做教师的时间越来越长,内心对教师这一职业的敬畏感越来越强。因为教师对学生的影响力有时候超过了学生的其他社会关系。所以上好每一节课成了我对自己的承诺。

因为我知道我的职业生涯有很多年，但孩子的青春只有一次，每个孩子听我们特定内容的课也只有一次，不能有丝毫的懈怠。但实现这一承诺谈何容易，于是我逼迫自己不断地学习。记得最初的几年，每天办公室里到得最早的一定是我，离开最晚的一定是我，到老教师的课堂上去听课的，围着老教师问问题的，除了他的学生，还有我。我经常因为方法不科学、成绩不理想、学生问题解决得不好而难过地哭，但每次都是擦掉眼泪继续前行，我深刻地理解了一句话：一切打不倒你的终究会让你坚强。

在我自己专业成长的过程中，印象最深刻的是 2008 年，我有幸代表河北省参加了全国的思政课比赛，那是我第一次参加全国性的比赛。我记忆犹新，我的教学设计被一次次推翻，一次次完善，为了一个细节设计我和同事们争得面红耳赤，我的同组老师们往往会陪我磨课到深夜，本以为已经很好了，但老教师总能提出一些更好的建议。功夫不负有心人，最终获得了全国赛课一等奖。在这一过程中，我除了对课堂教学有了更深刻的理解外，更领悟了精益求精、追求卓越、超越自我的卓越进取精神。这种精神更是一种责任心的阐释。

一群人就是一个人

经常有人会问衡水中学的秘诀是什么，我觉得一个很重要的因素是团队。为了更快地获得专业成长，我经常邀请老教师们去听我的课，每每我走出教室急切渴望反馈意见的时候，得到的都是老教师们诚恳的回应，那一针见血指出的问题，那发自内心的由衷肯定，那一场场讨论中思维的碰撞，那一段段一起埋头于教学难点的沉默和思索，于团队中的每一个人，都是一个蜕变和成长的过程。

2008 年开始我担任衡水中学政治中心教研室主任，负责学校政治学科的建设和发展。我带领团队致力于学科专业的纵深发展，把衡水中学政治学科打造成全省有影响力的学科。在国家教育教学改革的大背景下，我们政治学科进行了自己的改革，基于生命成长的育人价值追求，坚持基于学科本质的教学原则和基于回归初心的教育原则，着眼培养和提升学生的政治核心素养，让政治课堂不仅成为学生学习知识的地方，更是成为学生成长的重要生命道场。我带领政治教师对国家思政课程进行了二次开发，结合本校本届学生的实际情况，形成了校本化的学案、作业、课件等教学资源，开发了具有衡水中学特色的政治校本课程。

自 2005 年起，我每年带徒弟，通过组织青年教师培训会、座谈会、听评课及教研活动等，让一批又一批的青年教师茁壮成长。他们有的响应国家号召，支援边疆；有的成为了青年教师的师父，在平凡的岗位上发光发热；有的成长为学科骨干，走上了学校的领导岗位，继续传递着正能量。

2021 年衡水中学政治中心教研室团队被全国总工会评为"全国五一巾帼标兵岗"，这也是当年河北省唯一获此殊荣的教育部门。

叩问课堂的真谛

立德树人是教育的根本任务。立什么样的德，树什么样的人，是我们每位老师必须明确的首要问题，也是我一直在教学实践中不断思考和追寻的问题。立育人之德和树有德之人要做到有机结合。思政课是立德树人的关键课程，多年来，我始终致力于上好触及学生心灵的思政课，把思政课上到学生心里，才能起到塑造灵魂，促进学生生命成长的作用。因此，在思政教学中我逐步形成了"思、辨、通、笃"模式的教学实践探索。思政课的本质是讲道理，通过讲道理实现以理服人、以理育人。所以，首先要打通学生的思想，提升学生的思考力，引导学生在价值冲突中辨别观点，在比较鉴别中确认观点，真正地让自己的思想通透，认同、接受和内化正确的价值观念，这是主观世界领域的提升，进而在行动上要做到笃行，意志坚定，一以贯之地落实。这四个环节中，"思"和"辨"是手段，"通"是认识领域的觉醒，"笃"是实践层面的操作。只有做到认识和实践具体地、历史地统一，即知行合一的学生才是我们所需要的人才，才真正实现了立德树人。

如何真正地落地实施呢？我始终倡导课堂是教师和学生共同成长的生命道场，教学内容是学生生命成长的精神沃土，教师则要建立起课堂与学生成长的具体关联，关联点的关键在于"育人价值"。所以我经常追问自己"我为什么要教这个"和"学生为什么要学这个"，除了有我对课标、教材的理解外，更有我对"育人价值"的理解和表达。学生思想品德的成长、情感的成长、思维的成长、审美的成长等等，这些都是我进行课堂教学设计的发力点。只有我们读懂课标、教材这些有字之书，更读懂了学生的心灵，读懂了国家的育人方向和对人才的需求这些无字之书时，我们的工作才能更具价值！我主要从如何化知为德、化知为智、化知为行等方面谈一下自己的实践和思考。

化知为德。习近平总书记强调："一个人只有明大德、守公德、严私德，其才方能用得其所。"这要求我们不断探索如何让知识插上大德美德的翅膀，实现德行养成，让知识有所依附。在教学实践中，我们充分利用现代信息资源，精心设计教学内容，优化教学方法，发展学生道德认知，注重学生的情感体验和道德实践，增强学生的情感认同和政治认同。比如：讲故事是政治课堂的一个重要特色，充分利用课堂讲好中国故事，把党和国家为老百姓做的事情讲给学生听，把更多的普通人的火热实践讲给学生听，激发学生的爱国情感，传承中国精神和中国力量。小故事，真情感；小故事，大道理。在进行必修一《中国特色社会主义》的教学，讲中国共产党和人民的关系时，我亲自示范讲述《半条被子》的故事，鼓励学生进行党员故事讲述，学生讲述了黄文秀、焦裕禄等共产党员的故事，并阐述自己的理想，以及为实现抱负应该做的必要准备，将课堂氛围拉满，将情感温度升华，学生很自然地从活动探究中体会所学内容，形成情感认同，进而引起情感共鸣，生成价值认同和政治认同，激发学生的内驱力，使学生在思政课堂上感受到成长的力量。

化知为智。我经常追问自己：我的课堂有没有涌现生长的感觉？有没有让学生感受到与此相关的台阶感、推进感、纵深感、突破感？这节课我带着学生们在同一个层面上转圈，还是引领着学生在攀岩或拔节中向上生长？所以我特别重视创设有效的问题。有效的问题设置是促进学生深度思考、提高思维有效度的重要抓手，同时有效的问题还会激发学生的问题意识，从而敢于质疑，敢于发问。问题设计要重"趣"。在一学期的开学第一课中，我以"2022年北京冬奥会"这一时政热点设置疑问"为何要办冬奥会"，充分调动同学们学习的兴趣，引导学生多角度思考举办冬奥会的意义。问题设计要重"悬"。教学时引用影视剧中的"银针试毒"片段，引发学生对"银针能试毒"的质疑，在好奇心的驱使下同学们积极投入到课堂的探究之中。问题设计要重"辩"。在讲解"如何看待传统文化"的相关内容时，组织了一场"传统文化是财富还是包袱"的辩论赛，让学生对知识的理解更加深刻，培养其全面、辩证看待事物的能力。"头脑不是等待填满的容器，而是等待点燃的火炬。"点燃什么？就是点燃孩子们的思维能力，发展学生的高阶思维，提升教育教学的价值性。思政课要让学生真正学会思考，树立科学思维、形成正确思想，除了进行有效的问题设计以外，还需要教师注重方式方法，把道理讲深、讲透、讲活。把道理讲深，需要教师把纷繁复杂现象背后的本质和原理揭示出来，注重理论逻辑，强化学理支撑，比如通过中外发展对比，让学生了解我国发展的进程和成就。把道理讲透，就要直面学生的各种观点和思想，精准破解学生的思维"痛点"和"堵点"。

化知为行。实践的观点是马克思主义哲学的核心观点。我们要培养的能够担当民族复兴大任的时代新人，不仅要有理想信念，更要敢想敢为，善作善成。"精通的目的全在于应用"，真用，就是坚持理论联系实际原则，努力在指导实践、改造主客观世界上下功夫。其实，学生真懂了未必能自觉落实到行动中。真正做到知行合一不是一件容易的事情。作为一线思政教师，我一方面不断创新教育教学方式，拓展学习时空、延伸学习链条，培养学生良好的习惯，另一方面守正笃实，久久为功。在教学实践中，我们连续创办十多年的"模拟政协"社团，培养学生发现问题的能力，拓宽学生思考问题的角度，增强学生社会参与的能力和水平。学生们可以走访社区、街头采访、在居民中进行问卷调查，还可以主动联系身边的政协委员，了解他们对本地社会热点问题的看法、对有争议公共问题的立场以及应对措施，并进行评析，更好理解协商民主的优越性。我们鼓励同学们用自己的眼睛、自己的耳朵、自己的心灵去感知周围的社会，为把国家建设得更好积极建言献策。2017年我们指导学生撰写的《智慧养老》提案通过全国政协委员杨金生带到了全国政协会上。每年都会有学生撰写的提案递交到各级政协委员手中。在学生中开展"欢乐淘宝，魅力市场"的活动，增强学生参与社会经济的意识和能力，在活动中培养学生的竞争合作意识，增强社会责任感；学生组织了"爱心义卖"微公益活动，在实践中提升了合作交流能力，增强了珍惜幸福生活、懂得回报、懂得爱传递爱的情感；通过"说说我家的姓氏起源和姓氏名人"的活动，深化学生对优秀传统文化的认知和感悟，自觉加强对良好家风的传承；通过"寻找我心中最亮的星"的活动，引导学生找寻心中的榜样，树立正确的世界观、人生观和价值观；"每日时政"更是让同学们第一时间关心关注国家和社会大事，增强那么多人和远方都与我有关的社会责任感。校内的活动丰富多彩，让同学们惊呼政治课原来可以这样上。此外，我们组织学生利用寒暑假时间，开展了社会调查、参观走访、各种职业体验等社会实践活动，在实践中，同学们更好地认识国情，贴近社会，夯实学科基础知识，增长社会见识，积累生活常识，真正将理论学习与实践创新有机结合。基于以上种种的认知和实践，我撰写的文章《培养青少年"四个自信"要做到真知、真信、真用》发表在《人民教育》（2023 年第 8 期）上。

在我们进行教育教学工作时，首先把学生当成生命的个体，而不是盛知识的容器，教学生做人，促学生成人。我想教师的职责不只是教会学生多少知识，也不只是送他们走进哪一所大学，比知识更重要的是要他们学会谨慎地面对生活学习中的挑战，慢慢长大，在这个大千世界中能够找到自己的位置。我们不能只教会他们怎么去争取成功，也应让他们勇敢地面对失意，做一个真正的人、完整的人。手中托着他们生命的天平，我们要做的不仅是给它加上足够的砝码，更应该使它保持平衡。

思政课是引导学生树立正确价值观的课程。立德树人任重道远，它不是一阵风、一股潮流，而是教育的根本任务。我们必须数十年如一日，坚守教育初心，为党育人、为国育才，为教育事业的发展贡献全部的智慧和力量。

钱永昌：逐梦教育，沐光而行

名师档案：钱永昌，福建省特级教师，正高级教师，国家"万人计划"教学名师，教育部"双名计划"（2022—2025）入选名师，主持的教学成果获国家级二等奖、省特等奖，教学比赛多次获全国一等奖。

　　我从普通教师成长为国家级名师，主要原因是赶上了一个好时代。中国教育日新月异跨越式的发展，给我提供了施展才华的舞台，也让我有机会静心学习、潜心育人。就我个人而言，学习提升是途径，树立标杆是动力，教学展示是平台，教育科研是关键，引领示范是追求。

学习提升

　　1994 年我从宁德师专物理系毕业，作为优秀毕业生，幸运地被分配到当时的省重点中学——宁德一中。与同事相比，自己无论学历还是资历都相形见绌，为了缩小差距，我静下心来，埋头苦学。我不仅认真听取同备课组教师的每一节课，还跨年级、跨学段听同教研组其他教师的课。在听课之余，我常常分析每位教师的特点和长处，思考如何有效地内化为自己的教学行为。听课中学到的一招一式毕竟有限，唯有不断学习，才能让自己快速成长，甚至有所超越。于是我成了学校资料室的常客，每天一有时间我就往资料室跑，从学科专业杂志、教育教学理论杂志中广泛汲取养分。当时计算机还没有普及，看到有用的文章，我就用摘抄的方式记录，从教开始的三五年里，每年我都要做数本几百页的读书文摘。除此，我还积极进行学历提升。1996年，我参加了福建师大专升本函授学习，学习期间遇到福建师大物理系吴中光、赖恒等教授，他们渊博、严谨、敬业的大师风范深深地影响了我。本科毕业论文的指导教师陈峰，做事精益求精，要求严格。在师大函授期间，我们每次可以向图书馆借20本书，我顶格借阅后还嫌不够，于是通过复印的方式将其他好书带回去。我还常常光顾福州各大书店，依稀记得经常与同学结伴到图书批发市场采购书籍，每次都收获满满。当时读书的视野广泛：除了专业书籍，还有名家散文、杂文，经济学读物，名人传记……就这样，我养成了终身学习的习惯，心心念念向往着有机会再回到大学校园里继续学习深造。

2006年，我又踏上攻读福建师大教育硕士的学习之路。为了克服工学矛盾，我每周两次搭乘客运大巴奔波于福州、厦门两地。与司机和售票员混得熟悉，车票都可以打折，同时养成了不晕车、在车上迅速睡着的习惯。有一回在大巴车上睡过了头，没有及时下车，醒来时已是夜里 11 点多，赶紧从终点站打车往学校赶。对于为了读书来回奔波，现在回忆起来倒是充满乐趣，因为每次学习机会都来之不易，所以我比别人更加珍视每一寸求学的光阴。现在还记得"教育研究方法"的课堂，教授经常组织学生作主题发言，每次我都主动请缨，竭尽所能把所学所思与大家分享交流。记忆最深的是教"教育心理学"的连榕教授开设公开课讲多元智能，几百人的大课，华东师大叶澜教授也前来听课、评课。连教授让我们谈谈对多元智能的理解，我班门弄斧地说了一通。为了提升自己，我还多次跑去旁听各学科名教授的课，有时周末也留在学校蹭听各种讲座。

此外，各类名师专业培训更是我专业成长的关键。从市专家型教师到省学科带头人，从省级名师到国家级名师，培训地点从福建教育学院、福建师大到东北师大、华东师大，不仅让我领略到教授们高屋建瓴、兼容并蓄的大师风范，而且还帮助我围绕一个又一个挑战性的目标持续攀登。各级名师培训课程涵盖师德修养、教学思想、学科素养、课题研究、教育技术等，是一个系统而全面的专业发展平台，它不仅提供了丰富的学习资源和实践机会，而且通过领衔名师工作室、开展课题研究等项目驱动，让我不断重建教育追求、克服职业倦怠感，矢志教育改革创新。

在福建省名师导师陈光明教授指导下，我逐渐形成"构建活力物理、培育创新人才"的教学主张。"活力物理"就是以创新实验和创客活动为载体，帮助学生自主建构物理知识体系，开展探究活动，提升物理学科能力，突出实践应用，活化物理知识，达到润泽生命，提升素养的目的。实验教学是培养创新人才的重要途径。物理教师不仅要开齐开足开好国家课程标准规定的实验，而且要不断拓展和开发创新实验，不断将科技前沿知识和最新技术成果融入实验教学，注重实效，强化实践操作、情境体验，通过探索求知、亲身感悟和创新创造，着力提升学生的观察能力、动手实践能力、创造性思维能力和团队合作能力，培育学生的科学素养。在教育部"双名计划"理论导师潘苏东教授、陈刚教授，实践导师陆伯鸿（正高）、汤清修（正高）的带领下，我构建了"创新人才创新品质培养的框架模型与评价指标"，明确指向创新人才创新品质的四个培养要素：整合力、思辨力、内驱力、实践力。在此基础上，进一步构建相应的评价指标，给创新人才的贯通式培养提供目标指向和着力点，为后续教学设计提供较为科学的行动指南。

▎ 树立标杆 ▎

回首自己的成长历程，我有幸遇到许许多多优秀的教师，在每一个阶段适时出现的他们，都成了我的标杆，给予我不断前行的动力。傅瑞国老师是我刚入职时同备课组的第一个标杆。他上课富有激情，深入浅出，板书、板画优美，能与学生平等地交流。现在回忆起来，当时他爽朗的笑声犹在耳边。傅老师善于鼓励学生，常用形象的比喻和幽默风趣的语言带领学生们走入科学世界。他上课严谨规范，每节课都带上一把尺子，板书、板画一丝不苟，课上需要强调的地方还用彩色粉笔进行重点标注。从傅老师的身上我学到了严谨、激情与幽默。

数学特级教师李于清老师是我的第二个标杆。他出了好几本论著，发表文章数不胜数，更重要的是他为人谦和，写得一手好书法，对此我佩服得五体投地。我想，一个好教师真的不能仅会教书，他应该是个多面手。李于清老师曾告诉我，写文章有两点特别重要：一是文章的题目和标题要反复推敲。题目是文章的眼睛，不仅要有新意，还要"眉目传神"，让审稿编辑一见钟情，有看下去的欲望。标题要对仗，符合逻辑，标题之间切忌交叉糅杂。二是多学习。写文章要有理论支撑，虽然不必长篇大论，但引用几句经典还是要的，否则一家之言不足为据。写文章可以适当引用权威的观点，但例子必须用自己的。至今回想起李老师的这些经验之谈，依然受益良多。

2004年，我调到厦门外国语学校，有幸遇见全国模范教师——练仰贤，他不仅手把手带领我走进青少年科技创新领域，还言传身教地把爱岗敬业、无私奉献的精神传递给了我。练老师几十年如一日，默默带领学生开展科技创新工作，加班加点从无怨言。他对创造发明到了痴迷的地步，有时遇到百思不得其解的问题，半夜想到也会立即爬起来继续研究。他注重培养学生的创新意识和能力，积极辅导学生从事课题研究，将学生的发明创造活动常态化。他善于激发学生的学习兴趣和发明创造的热情，并因势利导，因材施教，让学生真正把学到的知识运用到发明创造之中。他自制教具，改进教学，将物理教学从枯燥的公式、定理中解放出来，使课堂教学更加生动、灵活、直观，深受学生欢迎。他善于发现旧有教具的缺憾并加以改进，发明了许多全新的教具。有了练老师的带领，我便开始投入到课内外创新实践活动的指导中，并通过创新活动不断开阔学生的视野，引导学生树立科技报国的远大志向。我通过建立以科普为基础、以竞赛为台阶、以志趣为导向、以思维为核心的创新素养培育平台，在养志、志趣、创新三部曲中，带领学生在科技创新的道路上，获得了累累硕果。

厦门市教科院陈宗荣老师也是我的标杆。作为物理学科教研员，他不仅学术造诣高，而且为人谦和，善于鼓励人、培养人，不断提携新人。他是我领衔的市级名师工作室的顾问，经常受邀到工作室指导青年教师的教育教学，并不断给工作室的工作提出更高的要求和积极的肯定与鼓励。他用一言一行诠释言传身教、引领示范对于名师的重要意义。一方面他自己在命题评价、学科教学方面不断精进，笔耕不辍，成果丰硕；另一方面他在区域层面积极开展学科培训，提升物理教师教育教学水平、课题研究能力，带动区域物理教学乃至厦门市基础教育质量的整体提升。他认为学习是教师成长的捷径，执着是优秀教师必备的品质，反思是教师成长的重要途径。他这么说，也是这么做的。在陈老师的感召下，我正以国家级名师工作室为平台，积极发挥引领示范作用，带领更多的年轻教师积极开展课题研究、教学改革探索，实现专业成长。

教学展示

一个教师要快速成长，首先必须过教学关。参加教学大赛是对教师教学理念和教学技能全方位的考验。毕业四五年后，我开始不断挑战自己，接连参加市、省、全国的教学大赛。2001年我通过层层选拔，入围首届全国中学物理教学改革创新大赛决赛。回首参赛的历程，我得到了福建省普通教育教学研究室林为炎、福建师大陈峰、福建师大附属中学郭杰森、宁德教师进修学院陈从先等名师的指导、鼓励和帮助。20多年前，以林为炎、高剑明老师为首的一批福建省物理教学专业委员会的老同志，为栽培年轻教师不辞辛劳、亲力亲为、忙前忙后的一幕幕，至今我仍然记忆犹新。当时为了录制参加全国赛的教学录像，我特意请假一周到福州，进了四所不同的中学上课、打磨。每节课，林为炎老师都邀请省内名师现场指导，让我经历一次次蜕变（板书设计、探究问题设置、进程过渡等细节逐一把关）。记得最后一次到福建省电教馆录像，林为炎、钟春光二位老师陪着我一起忙到晚上7点多，由于当晚我要赶回宁德，后期的剪辑、制作工作，他们还代为跟进。前辈们无私奉献的精神，无时无刻不在激励我前行。

2005年，调到厦门外国语学校的第二年，我参加了厦门市第二届教学改革创新大赛。当时我承受了很大压力：一则厦门物理教育人才济济，要想市赛获奖难度极高；二则刚调到厦门，对厦门的教学比赛的情况、评审规则都较为陌生。记得当时预赛的课题是"浮力"，准备期间我自己扛着摄像机去轮渡拍摄客运游轮航行的场景。讲解阿基米德原理时，我让学生将篮球缓慢按入装满水的水桶，体验"水桶里的水排出越多篮球受到的浮力越大"。这些贴近学生生活、注重学生体验的教学设计，得到了评审专家的肯定，我也因此顺利入围决赛。最终，我不辱使命一举夺得第二届厦门市教学改革创新大赛初中物理组的第一名。现在想来，如果没有参加各级教学比赛历练的扎实基础，我当时不大可能在新的工作环境下快速适应并获得认可。

2012年，福建省普通教育教学研究室陈松老师通知我参加全国第三届中学物理名师赛，我信心满满、欣然答应。比赛时面对青岛一所中学的学生，我设计空中飞人炮弹情境引入新课，让学生通过实验对比总结弹力的概念、借助激光反射体验微小形变与形变恢复、设计制作弹簧测力计等，项目活动扎实有效，教学形式多样，引起了广大与会教师的共鸣，最终获得了全国一等奖。

通过一次次教学大赛、公开课、示范课，我逐渐形成自己的教学风格：注重实验创新，直观具象地展示原理；突出科学探究，引导学生主动探索知识的形成过程；善于在课堂中成就学生，促进学生知识、方法、能力和素养目标的同步达成。

教师们教学遇到困难，有时可以通过查阅文献来解决，有时可以寻找有经验的老教师帮助解决。可新情况、新问题层出不穷，因此，教师自身必须坚持不断探索。为了提高教学效率，我开始尝试开展课题研究。2002年我接手新高一，物理的第一次单元考试中，我任教班级的成绩及格率较差，而成绩在二三十分的也不乏其人。这引起我的深思：现行的单元考试模式存在哪些弊端？如何才能强化单元考试的正面功能而削弱其负面影响？于是，我首先在试题的形式和内容上作出改进，其次设立修正分和奖励分制度，让学生通过订正、反思、创新实践修正考试成绩，让绝大多数学生能体验到成功。于是一篇研究论文《改革单元考试评价模式　切实推进素质教育》跃然纸上，发表于《中小学教材教学》。

2006年，我申报立项了第一个市级课题——"'做中学'在初中理化教学的应用研究"。我收集大量文献资料进行汇编，组织课题组教师进行学习、实践，开展行动研究。针对学生的制作较为零散、不成系列，不同学生间制作能力与创新水平差异较大，学科教师的教学理念与行动力不足等问题，课题组学习借鉴"做中学"科学教育理念和实施策略，通过开展创客活动，突出科学探究，引导师生根据教学进程开展系列化的实验资源开发与探究实验设计。课题组师生全员参与，从模仿到创新分层推进。学生通过对比同一主题的不同作品效果，思考差异现象背后的原因；通过同一物理原理的不同实验开发，达到对物理原理的深度理解；通过创新过程中的小组互助、团队协作，提升科学探究能力和自身的创新素养。课题研究取得丰硕成果，学生受益面广，得到市里专家的高度肯定。牛刀小试便收获颇丰，我开展课题研究的热情从此一发不可收。2011 年，我申报立项了第二个市级课题——"中学物理低成本创新实验设计与开发的实践研究"；2014 年，我申报立项了省级课题——"初中物理创新实验开发与应用的课例研究"。前前后后，我一共主持完成了十余项课题研究。2018 年我主持的教学成果《以中学物理创新实验和创客活动为载体，培育学生创新素养的实践研究》获得国家基础教育教学成果二等奖，就是得益于长达近 20 年的教学改革探索研究实践。该成果总结出"兴趣驱动、自主成长"的创新素养培育策略，探索出"三协同（师生协同、跨学科协同、校内外协同）、三依托（依托各级教研平台、相关科技大赛平台、高校科研院所平台）"的创新素养实践策略，有效培育学生的创新素养。

苏霍姆林斯基说："如果你想让教师的劳动给教师带来乐趣，使天天上课不至于变成单调乏味的义务，那你就应当引导每一位教师走到研究这条幸福的道路上来。"对此我深有体会，在教育科研的引领下，我开启了教书育人的幸福之门，并将一路前行探索下去，矢志不渝。

▎引领示范 ▎

2018 年我被授予福建省特级教师，2019 年评上正高级教师、国家"万人计划"名师，对很对人来说似乎已经达到专业称号的天花板，可以躺平了。然而我回首自己的成长过程，曾经得到过许许多多前辈的指导和帮助，所以现在我自己有点能力了，我也有责任带领更多的老师走向专业成长。我理解的"名师"不仅仅是一个称号和名词，更是一个期待和动词。国家给予名师崇高的荣誉和待遇也是希望名师不断引领教育的高质量发展，为办好人民满意的教育发挥领头雁的作用。2022年我入选教育部"双名计划"（2022—2025）名师培养对象，领衔教育部名师工作室，带领省内外物理教师开展创新品质培养研究，以研究促发深度学习，提升学生创新素养。通过名师工作室的辐射带动作用，为农村校、新办校培养大批骨干教师，为提升厦门市、福建省物理教育教学质量发挥重要的促进作用。指导十位年轻教师教学比赛获得省级以上荣誉，近三年来开设市级以上公开课、讲座40多节。

在工作室教研活动中，我告诉参与活动的教师们，作为新时代的教师，我们要有"为党育人、为国育才"的使命感，要引导学生立志报国，从关注"大国重器"逐步走向立志成为"大国工匠"。教师应该从更高的高度去思考问题，让学生进行有效试错，知道创新的边界在哪，同时培养学生的好奇心、耐挫力。因为每一次的失败就意味着全新的突破。在核心素养的背景下，虽然知识仍然重要，但还有比知识更加重要的方面，比如提出问题能力、整合学习能力、批判性思维能力等，让学生从情境到模型，再到试题，最后到迁移应用，由终而始，进行系统培养，这才是真正指向拔尖创新人才的培养。

2024 年，在我从教 30 周年之际，回顾 30 年教学生涯，既简单又曲折：简单在于我从未离开过三尺讲台，复杂在于每天面对个性迥异的学生；简单在于教学的育人本质不变，复杂在于育人的手段与方法推陈出新；简单在于学科知识相对固定，复杂在于知识应用场景的千变万化；简单在于我对教育的热爱始终如一，复杂在于我需要不断调整教学策略，以适应每个学生的需求。正是这种既简单又复杂的工作，让我无法停止学习和研究的脚步。30 年教学生涯不仅有鲜花和掌声，也充满了挑战和变化，但正是这些挑战和变化，激励着我不断精进，追求卓越。30 年逐梦教育，沐光而行！

第四辑

专业的修炼

金小玲：从快乐英语教学走向快乐幸福的教育人生

名师档案：金小玲，正高级教师、全国模范教师、省特级教师、教育部"双名计划"（2022—2025）入选名师。

　　我的家乡，是一个山清水秀的美丽县城——莲花。这里是扎根革命老区的龚全珍老阿姨的家乡；这里气候宜人，民风古朴，以"莲花人民一会养猪，二会读书"而有名，以老阿姨的教育奉献精神为标杆而处事。1997 年 8 月，我以"大学优秀毕业生"的身份，放弃了福建晋江的高薪聘请，本着自己的教育梦想——改变家乡孩子学习哑巴英语的现状，回到了家乡，正式成为了一名教育人。如今，褪去了青涩、懵懂和迷茫，拥有了乐观、智慧和幸福，这是我的快乐英语教学近 30 年的教育岁月留给我的宝贵财富。我为自己三次放弃外出晋升，坚持立足三尺讲台的正确选择而欣慰。在教育路上，我一直竭尽全力学习，力争取做得更好。在教育部"双名计划"（2022—2025）名师培养的教育理论学习、研究和教育实践中，我不断反思教学，在西南大学导师指导下丰富着自己的教育理念，凝练着自己和工作室团队的教学主张，从快乐英语教学走向快乐幸福的教育人生……

做会示范引导的科学育人的教师

从教近 30 年，带了一届届可爱的学生，时刻铭记于心的是自己教书育人的职责和使命。"师者，所以传道受业解惑也。"我作为英语教师不光是教英语这门语言，更是在教学生如何通过英语学科学习去学会做人。我希望学生在掌握语言这个工具的同时，能够通过这个工具，了解并传承传播中华民族优秀传统文化，做"一个高尚的人，纯粹的人，有道德的人，有益于国家和人民的人"。所以，我十分注重学生学科核心素养的培养。在班主任工作中，我时刻提醒自己不忘初心，立德树人；在与学生的相处中，保持一颗童心，站在学生的角度去理解他们，也鞭策自己，用自己的真诚去换取学生的真诚，用自己的正直去构筑学生的正直。我常常耐心地和家长们交谈学生的情况，身体力行地教育学生说好话，行好事，读好书，唱好歌，做好人，交好友。课堂上，学生小义出鼻血了，我马上解下自己马尾上的皮筋，小心翼翼地帮她绑住中指；学生小成肚子疼，我心疼地带他急忙上医院；我严格要求学生 7:20 早上到校晨读，自己就必须 7:00 赶到……就这样点点滴滴地以实际行动感化学生、教育学生。

作为老师，对学生的爱应是真诚的、无私的、广泛的、一视同仁的，我坚持"欣赏、激励、竞争、合作、期待"十字育人方法，我相信"人人都是材，人人都能成才"。

对于加油生、留守生等需要特别帮助的孩子，我倾注了更多的爱在他们身上。记得曾经教过一个转辗了几个班的加油生小天，从小学到初中，他一直是学校有名的"捣蛋鬼"。在家父母对他无可奈何，在学校只要他在班上，课堂秩序就会混乱。课堂上他故意惹老师大发雷霆，学习成绩更不用说，三科加起来还不足90分。家长、老师对他百般无奈，年级组长汇报于学校想让他换班学习，然而班主任们都知其名知其人拒而不纳。这时，小天的母亲流着泪找到我："金老师，大家都说你有方法，有好多调皮的孩子在你手上转化了，求求你，请你收下小天吧！否则社会上又要多一个流氓！"听到最后一句时，我的内心一颤，我有责任去挽救这个濒临自暴自弃的孩子。我立刻去找校长要求把孩子放到我班上。校长说："能行吗？会不会因为他毁掉你们先进集体的荣誉？"我笑着说："交给我吧！相信我能把他教育好！"就这样我带着许多人的"狐疑"神色，把他领到了班门口。我知道一个孩子转变和成长需要一个过程，抓好学生思想品德教育，善于寻找和挖掘孩子闪光点是关键。在孩子进班前，我引导全班同学欢迎他成为班上光荣的一员，并约法三章："不轻视他，要关爱帮助他，允许他慢慢地进步！"对小天则给了他一句话："没有最好，只有更好，要相信自己，从小事做起。"结果，小天从早到校开始争先，以前他常因迟到被行政挡在门口教育，现在变成班上前三名到校者，受到同学们的表扬与敬佩。在劳动上，他个子高，力气大，反应快，我故意让他参加擦黑板比赛，在同学们的笑声中他成功地与同学们融为一体。在班级管理上我强调民主管理，人人都能当值日班长。小天当值日班长那天，我一步步地教他，特意让他展示自己的组织才能，安排他组织学生去办公室打扫卫生做好事。在校园里慢慢地看到了一个全新的小天，偶尔他也会毛病复犯，我和班长就及时与他谈心进行鼓励。为了让他学习成绩进步，我把他带到家里住了两个月，手把手地复习旧知识，教他新知识，还与科任教师联合共同为之努力。中考时，他破天荒地考上了高中，离校之际他表达了对老师、同学的感激之情。究竟是什么力量转化了这么一个调皮的孩子呢？是爱。爱是阳光，可以把坚冰融化；爱是春雨，可以让枯萎的小草发芽；爱是魔法，可以点石成金。我对小天倾注了母亲般的爱。某日，听到他在路上叫"老师"，那熟悉的声音让我热泪盈眶。如今他在乡政府工作，越来越优秀，我感到很幸福。所以，要做名师，首先是要做善于育人、感染人、改变人的老师。

做课改创新有教学风格的研究型教师

带着激情进课堂，是教育人的朝气；带着微笑进课堂，是教育人的温度；带着理念进课堂，是教育人的精神……我是一个教育课改人，特别喜爱做课题研究，对于教材、学生、课堂教学、作业布置、教学方法、课堂组织都喜欢去探索研究，主要基于对各种问题的思考和解决。2008年至今，我主持完成了5个江西省基础教育课题、教育规划课题、教育信息化课题研究，参与了 18 个课题研究项目，主要研究方向是初中英语愉快教学和翻转课堂教学；2024 年指导帮扶金小玲名师工作室团队成功申报江西省基础教育课题五个子课题研究项目立项。作为萍乡市课题研究中心组指导专家，每年指导课题立项平均 6 个以上，帮助他人，幸福自己。我的教学主张是千方百计使用各种教学策略让孩子们对于英语勤学、乐学、善学，这是江西省基础教育课题"初中英语愉快课堂教学策略的实践研究"的研究成果，经过研究实践解决了团队教师厌教、学生厌学、教学质量欠佳的问题；通过研究创新设计初中英语课堂教学活动，灵活使用教学方法，创编游戏、歌曲、律动诗，创建了一系列分课型的"有趣、有味、有效"的初中英语愉快高效课堂，实现了"教师快乐地教，学生快乐地学，快乐地出教学成果"的目标。2018 年我先后受邀请赴江苏、内蒙古参加全国名师工作室主持人教学风格展示课大赛并获得国家级特等奖，广东省专家钟明评价说"金老师的课就是一种风格、一种符号"。2022 年整合课题研究成果主编的书籍《真课题　真研究　真成长——初中英语愉快课堂教学策略的实践研究》成为了如今省内外 12 个名师工作室团队成员可学习、可实践、可推广的共融、共享、共育、共创的主要教学研究成果。2015 年起，我受江西师大外国语学院邀请担任"国培计划"教师培训讲师，开始分享推广课题研究实验成果，每一次国培上课都受到学员好评。2017 年受中国教师研修网邀请赴婺源国培进行个人录像课课例分享，作专题讲座《核心素养下的初中英语愉快课堂教学策略》。2018 年 8 月 8 日，《中国教育报》还刊登了我的国培上课情况，很受学员喜欢。我也曾经作为江西省首届名师培养对象在江苏南通分享教学主张，获得专家高度表扬。我在江西教师网开发了金小玲愉快英语教学工作坊课题课程42 讲，培训学员 8000 余人。2024 年新教材使用之际，我带领名师工作室团队一起沉浸式研究开发了三年级和七年级英语新教材同步思维导图、课件、大单元教学设计、作业设计，助力老师们灵活践行新课标，用好新教材。所以，教师成长，需要聚焦课题扎实研究，创建研究成果，形成自己与团队的教学主张和主题鲜明的课程，并且要善于提炼辐射引领，做新时代教育课改的弄潮儿，以更好地按规律教学，实现科研兴教。名师不只是荣誉，更是一份责任和使命，名师就是特别会上课、能指导老师上课的有教学理念、教学效果和教学实践经验的好老师。

做善于规划成长的学习型教师

"学习力就是教师生命成长力"，我在接受北京师范大学果佳院长采访时如是说。教育梦想是前进的航灯，脚踏实地地做好成长规划是教师生命成长的有力杠杆。

我把自己的教师职业发展规划分为五个阶段。

第一阶段（第 1—5 年）：入职学习适应期。我是 1997 年 8 月开始工作的，第一站是在莲花县坪里中学工作，从初一教到高一，这个时期主要是学习适应锻炼阶段。我坚持积极参加学习，积极参与研究课堂和教材，非常幸运地遇见了一位科研型校长贺金荣，他常常带我们读《江西教育》中的教研文章和听课教研。我参加工作三个月后就被派往参加片区初中英语优质课比赛并获了第一名，然后代表片区参加全县优质课、说课、英语演讲比赛并获得一等奖。我生完第一个孩子四个月后就去参加了全县暑期英语教师培训学习，参加学员笔试考了第一名，学习期间表现优秀。当时非常庆幸受到了县教研室特级教师段初发主任的特别关注和培养，开始积极参加县教研室命题、论文撰写、上课研讨等教育教学研究活动。2021 年 8 月我以面试和笔试第一名的成绩，考入县办中学——城厢中学。在城厢中学，我担任班主任，同时积极参加学校管理工作，担任过教务副主任、团支部书记、副校长等职务。我喜爱订购《班主任之友》《课程·教材·教法》《中小学外语教学》等学习，我还特别喜欢参加各种业务比赛类活动，包括教师演讲、教学比武和班主任经验分享，都获得第一名的成绩。我总是创新班级管理，所带班级学生中考录取率达到 80%，我也因此受学生喜爱、家长认可、领导欣赏。在学校班主任经验分享获得了第一名后，开始到莲花县进修学校分享班主任管理经验。孩子们也特别爱上我的英语课。我会主动承担各级各类新课程教学示范课、课题研讨课、送教下乡课，学校领导评价我的快乐英语课堂就是学校教学的一道品牌菜，我成为我们本地家长、孩子爱来我班上的老师。我们县长那时候就问："这就奇怪了，金小玲老师是谁呀？都要去她的班上？"那时我成了我们学校的骨干教师。

第二阶段（第6—10年）：能力成熟发展期。我在这个阶段开始进行专业化能力提升学习，我非常幸运地参加了2010年江西省首届骨干教师培训提升项目，我担任学习委员时成绩优秀，被评为"江西省骨干英语教师"。同年开始申报江西基础教育研究课题"初中英语愉快课堂教学策略的实践研究"并立项，我聚焦课题抓实研究，做出成果形成自己的教学主张，对自己的英语教学、行政管理不断反思并改进成长。教育科研走进了我的生活。这一阶段喜欢阅读教育科研方面的书籍《教师如何做课题》《怎样教英语》《教育研究方法导论》。2013年参加江西省学科带头人学习研修，2014年在北京外国语大学参加教师工作坊主持人培训学习，让我接触到了高端培训，并且把学到的知识落地，创建了国家级骨干英语教师工作坊，担任了快乐英语工作坊主持人，培训全国3900位骨干英语教师，其中我的一节翻转课堂录像课在中国教师研修网上受到好评。这一阶段课题研究和工作坊工作锻炼着我的成长。我积极学习北京大学汪琼教授的慕课，2014年还拿到了翻转课堂实名认证证书。依稀记得我在井冈山八角楼参加江西省名师工作室研修学习后，创建了我们江西教师网金小玲名师工作室，启动了名师工作室线上线下国培指导、省内外专题讲座讲学，讲学里涉及班主任管理、新教师专业成长、英语学科核心素养、骨干教师心理健康、名师工作室工作坊成果研修以及学科带头人的角色和使命等，学员累计两万余人。工作室辅导受到好评后，我被省教育厅送往英国奇切斯特大学进行学习，这让我的人生梦想——去国外学习得以实现。这个时期我学习书籍《教练型领导》《卓越领导——名师工作室研修》等，同时赴省外浙江宁波、内蒙古鄂尔多斯、海南海口、广东深圳、江苏南京给学生、老师讲学，获得了喜人的成绩，这为我带来了浓厚的教育幸福感。作为江西省初中英语学科带头人，让我站到省级平台上，促我对教育更加热爱，萌发出教育梦想，希望未来能够好好给学生、给老师上课，实现桃李满园的美好教育人生。

第三阶段（第11—15年）：能力拓展辐射期。在自己的教育教学研究成果初显阶段，我又幸福地遇见了萍乡市乡村教师共同成长的教育公益学习平台。我积极参加学习去提升教育教学问题解决能力、教育领导力、影响力等综合能力素养。我感觉更加幸福的是我幸运地遇见了教育部"双名计划"（2022—2025），在西南大学基地和国家教育行政学院，接受最高端最前沿的未来教育培养。这一时期我经过层层拼搏竞争，在全市只有一个行政领导指标下，我因为说课获胜而有幸评上了"特级教师"，让我进一步增强了教育使命感，更加爱工作、爱孩子、爱教学、爱教研、爱成长。这期间我还是《江西省家庭教育促进条例》宣讲成员和萍乡家庭教育讲师团讲师，所以我开始给孩子上课，给老师上课，给家长上课。担任年级校长时，我的教育管理领导力也获得了广泛的好评，是"莲花县优秀教育工作者"。2022年我参加了江西省赣教云录课，在至善学院公益上课，到福建南安、海南海口等省内外各地上课。我所带领的萍聚京城快乐英语教学超越队经常送教下乡到边远乡村学校，我主持的国家级、省级、市级金小玲名师工作室团队积极抱团学习研究成长，尤其是参加国培上课送教，一起公益直播上课，参加各级各类的比赛并获奖，在线上名师工作室和金小玲名师公众号分享教育教研成果，辐射快乐英语教育影响力。

第四阶段（第 16 年及以后）：未来成果凝练期。在教育战线奋斗的第 26 年，我通过努力终于评上了正高级教师，2024 年又成为了全国模范教师和"赣鄱英才计划"名师候选人，内心感到无比感恩。未来的教育生活里，我要感恩回报祖国、家乡的培养，更加认真工作，善待遇到的每一个孩子、每一位教师、每一个家长，开发系列课程资源，创建系列教育成果，把快乐英语教学主张推广开去，服务于大国教育，全力以赴争当教育家型教师。

┃ 做团队引领辐射、振兴乡村教育的教育家型 教师 ┃

身为一名教育工作者，首先我把"爱岗敬业、关爱学生、严谨笃学、奋发进取"作为自己的座右铭和行为准则。从 2002 年起，我开始从事学校行政工作，担任校领导的 20 多年中，我始终坚守在教学第一线，沉浸课堂，不断探寻着英语教学的真谛。我相信，只有自己有着足够强大的能量，才能感染和熏陶身边的每一个孩子。为此，我认真钻研教材教法，用心上好每一堂课，不仅教授学生知识，更重视对学生能力的培养，让学生做课堂的主人，感受学习的魅力。由传统教学转向情景教学，实践愉快教学，突破任务型教学，从课程资源的挖掘与开发到师生互动平台的创建，再到课堂调控艺术的优化，最终实现有效英语教学之目的，我是冲浪英语课改中的光荣一员。因为我认为质量是教育的生命线，学生学业素养提升是教育质量的具体表现。我是一名教育工作者，在课改中成长，撷取着成功的点滴乐趣。我们永远和新课程改革在一起。

我始终坚守在教学第一线，为提升学生英语学业素养不遗余力，除了认真备课授课、多样化教学助学之外，更是充满激情和课改意识，努力把教学的知识点内化为孩子们的自主学习行为。我认为，我的教育责任和使命是尽力帮助同行成长，传播科学的教育理念和方法，传递人文的教育情怀和价值。因此，我借助"英语乐园·金小玲教学研修工作室"平台，进行线上线下国培讲座、省内外专题讲学，比如《教育科研与教师成长》《如何写教学反思》《寻找教师幸福感》《学科带头人的角色和使命》《如何做课题研究》等；在莲花县进修学校，每年暑期都会给特岗教师、中小学英语教师、新教师、骨干教师、班主任、小学校长作专题讲座，如《让小学英语课成为学生学习的乐园》《如何提高课堂教学的实效性》《漫谈新理念下的班主任工作》《中小学骨干教师之课堂观察及压力管理》《谈谈青年教师专业成长之路》《共同撑起一片蓝天——走进留守儿童的教育管理》等；在我们的江西红土地 YY 平台作了《2014 中考英语易错题攻略》和《如何实施初中英语愉快课堂教学调控》的专题讲座；在全市课题研究经验交流会上作了《真课题，真研究，真成长》的报告；在全县范围内作了《倾注学生一腔情，乐为教育献青春》的巡回报告；在2016—2021年的"国培计划"送教下乡、骨干英语教师培训中主讲《核心素养下的初中英语愉快课堂教学策略》和《如何实施初中英语愉快课堂教学评一体化》。在科研培训服务领域铸强自己的专业综合服务，努力带领教师们立足课堂教学校本研究向科研型教师转变。"一个人走得快，一群人走得远"，我的每一天是忙碌而充实的，我总觉得人来到人世间总要为家庭、为单位、为团队、为社会贡献点什么才好！

我喜欢于漪老师说的这句话："一辈子做教师，一辈子学做教师。"我将坚持好好工作，践行教育家精神，从名师走向明师，从快乐英语教学走向快乐幸福的教育人生！

刘静：静候花开映春晖

名师档案：刘静，特级教师，正高级教师，教育部"双名计划"（2022—2025）入选名师，刘静名师工作室主持人，湖北省名师工作室主持人。

"您是我们的干妈，从生活到学习，乃至一个小小的习惯的养成，关心和引导，无微不至；您是我们的静姐，课堂上教我们唱歌，高考前带我们猜谜放松。"

"谢谢您带我们领略春华秋实，谢谢您带我们奋战过句山词海，谢谢您给我们温暖与鼓励。您对生活的热爱与激情感染着我，您的认真与严谨鞭策着我！您的教诲言犹在耳，您的教导铭记心中！我想，您是园丁，是火焰，是我的引路人……"

这是学生给我的信中的两段话，每当打开这一本本纪念册和一盒盒我珍藏的纪念物品，拿着学生写给我的纸条信件、亲手制作的卡片，看到他们画的我的模样和为我写的诗时，我总会陷入温暖的回忆，有时会想到多年前的自己。曾经那个青涩的我，终于实现心中的梦想，如愿以偿地走上教学的舞台时，我明白，自己一辈子从事的是教师职业，这意味着人生中大量的时间和精力要在课堂上度过，也意味着自己的生命价值和自身的发展要在课堂上实现。这一生，注定是要倾注心血，默默守候。

记得刚来学校试讲的时候，经验尚浅的我显得有点局促，面对陌生的环境有些紧张，也有些忙乱，我鼓起勇气抬起头看向学生时，迎接我的是那一双双渴求知识、清澈却又热切的眼睛。顿时，一种从未有过的仪式感和使命感，一种坚定和力量汩汩涌出，我默默地告诉自己：从现在开始，我要做一个对得起这一束束炽热目光的教师。

就是这样的一个小小的念头，从踏上工作岗位的那一天起，就一直指引着我，让我虽磕磕碰碰、跌跌撞撞，却又坚定执着地从一个青涩的大学毕业生逐渐成长起来：湖北省英语教师口语演讲比赛第一名，全国基本功大赛获一等奖，一师一优课部级优课，特级教师，正高级教师，享受国务院政府特殊津贴，教育部"双名计划"（2022—2025）名师培养对象，名师工作室主持人……

一年又一年，我在平凡的岗位上演绎着自己的人生故事，真切地体会到教师艰辛的同时，更体会到了身为教师最大的幸福和快乐。

要成长为一名优秀教师，我们的职业道路的选择需要具备个性化和时代感，在路漫漫而又上下求索的历程中，我们改变自己，成就自己，并不断超越自己，在教育这座充满希望的花园中默默耕耘，静候着温暖春晖下一朵朵小花的竞相绽放。而在成长和守候中，那些时光中的点点滴滴，自然而然地汇聚成了三个重要的阶段。

内功修炼期：站稳讲台，成为一名目中有人的学习型教师

对于一名追求卓越的教育工作者来说，持续的学习与修炼是必经之路。在教育的广阔天地里，要想成为一名出色的教师，教学基本功的锤炼与精进无疑是基石所在。苏霍姆林斯基在《给教师的建议》中说："只有当教师的知识视野比学校大纲宽得无可比拟的时候，教师才能成为教育过程的真正的能手、艺术家、诗人。"

2001年我刚刚踏上工作岗位，实现了自己从小立下的心愿，我满腔热情，豪情万丈。但很快，我发现了自己大学里的教育教学知识如果要在实际教学中灵活应用，还心有余而力不足。我开始像一块海绵一样，努力钻研、勤奋学习。同时，我坚持心中有爱，目中有人，让学生获得终身发展。

我爱每一个学生，愿做良师，更愿成为学生的益友。秉着"用爱点亮每一颗星星"的教学理念，我从不用分数衡量学生，时刻把学生放在第一位，把工作当成自己生命生活的一部分，用每一天的汗水和心血践行着自己的教学初衷。我认为自己最大的快乐就是培养出自己崇拜的学生。我鼓励学

生向教材、向老师发问，允许有不同意见。于是，我的课堂上他们经常出现观点的交锋、智慧的碰撞，我的英语课是师生平等对话、情感交流的课堂。我认为：教学不是简单机械地把知识进行复制粘贴，而是激励和唤醒，是心灵的交融和沟通，这是一种境界，也是一种超越，更是开放民主的现代教育文明。

除了注重培养学生的英语素养，我更注重培养学生积极、乐观的心态，我每隔一段时间都会抽出自己的英语时间教学生英文歌，给他们放著名的英文演讲，让他们排练英文戏剧，坚持每堂课的课前给学生三分钟的英语才艺展示时间。我认为课堂属于每一个学生，也关注每一位学生，总是想方设法地让课堂上的那些旁观者和冷参与者在同伴的带领、激励和合作下，渐渐地走向讲台。每堂课的课前三分钟英文才艺展示环节，最初是学生个人轮流表演，但我发现部分学生因为个性较胆怯或是担心表现不好，以至于压力较大，反而出现了焦虑感。于是我鼓励学生寻找同伴或自由组合小组，这样变差异为资源和特色，用更轻松愉悦的状态进行表演或呈现。

在他们的表演小组中，每个学生都是自主的独立个体，他们各自多元的想法，是共同体中合作协同的基础和支柱，并在合作交流中深化，在相互碰撞中完善。充分的协作不仅会使他们在理解中追求创新，甚至在创新中又萌生新奇的创意。学生在这种轻松热情的氛围中，不仅把课本上的世界名著演绎得有声有色，更是自编自导自演了双簧、哑剧、合唱、四重唱。

每天的英语课都变成了他们的一种期待，看着他们为了短短的三分钟认真地排练，融洽、激动地讨论，我无数次为之感动。看到学生在短短的三分钟，把一首短短的配乐诗念得热泪盈眶，把一首简单的英文歌唱成了个人演唱会，把一个简短的新闻演绎成了一场小型辩论会，看到他们即使刚刚在学习和生活中经历了挫折，也能为自己的表现喝彩，为同学的努力加油时，我的骄傲油然而生，幸福指数瞬间飙升，我觉得自己的工作是天底下最快乐的职业！

我的努力，开始有了回报。最大的收获，是我充实的内心、坚定的信仰和一批知我爱我的学生。我在自己的教学日记中写道：

走近学生，就像走向自己的孩子、亲人，
走进教室，就像走进温暖的家。
每天踏进教室的那一刻，
看到学生的笑脸，
常常就忘记了不快，忘记了烦恼，
自动更新成微笑模式和激情飞扬模式。
我想，
这就是学生和教学送给我们的最大财富。

很多次我问自己，我每天这样努力是为了什么？为自己的梦想，也是为了一种信仰和信念。在平凡的岗位上，不由自主地将责任心、使命感化作了坚守的动力，肩负起自己应该承担的每一份责任。就这样，二十几年如一日静静地重复着看似简单的不简单和看似平凡的不平凡，守候和滋养着这片生机勃勃的土壤，期待着每一粒种子都能在这里找到生根发芽的土壤，自己也慢慢实现了歌里面唱的那句"长大后我就成了你"。

┃ 沉淀开拓期：占领讲台，成为一名开拓创新的研究型教师 ┃

教育家苏霍姆林斯基说："如果你想让教师的劳动给教师带来乐趣，使天天上课不至于变成单调乏味的义务，那你就应当引导每一位教师走到研究这条幸福的道路上来。"

学生的认可和鼓励让我感受到自己教书育人使命的神圣和意义所在，我努力汲取大家和名师的先进教育理念，不断探索自己的教学风格和模式，进行"教学的和科研的自我提升"。

很长时间以来，在研究学生、研究课堂的过程中，我发现学生自主地学习是高效课堂的关键，同时学生焦虑情绪的负面影响是影响高效课堂的一个不可忽视的现象。我开始着手于焦虑情绪和自主学习模式下课堂转型的探索与实践。

自主学习模式以发展学生的主体性、能动性和独立性为目的，它强调在教师的激励和引导下学生自主探究的师生互动过程。在这一过程中，学生的心理状况的调控和积极情绪的调动是教师教学过程中的一个关键点。在教育改革浪潮一次又一次袭来的今天，我们教师在课堂上的角色显得至关重要，教师改变，课堂改变。我提出"燃课堂"的教学模式，从教师自身的改变切入，提出"教师不是柴火燃烧自己，而是火柴去点燃学生"。

任何一位优秀的教师都不能将其工作职责仅仅局限于课程内容的传授，教师要让学生对生活充满热情，对自身的能力充满期望。我们的课堂如果能够点着"自燃""助燃""共燃"这三重火焰，就能帮助学生降低焦虑、树立自信、挖掘潜能、感受生命的意义。

第一重火焰：助燃。

教师应正确认识自身角色，教师不是管理者，而是要成为学生的同伴和服务者，帮助学生发现学习的乐趣，点燃学生的自主学习力。

2022届我的英语课代表是一个非常有责任心和上进心的女孩，可是她的英语成绩却并不理想。在一次又一次被自己的考分打击之后，她哭着对我说："老师，我英语这么差，我不配当课代表。"像她这样在英语学习上存在困难的学生，其实不在少数。经过观察，我发现他们有一个共同特点：因英语基础薄弱而怯于在课堂上表现自己。比如，虽然在平时的课堂听写中，我经常鼓励学生们自己主动走上讲台参与英语听写，但由于听写内容较多、难度较大，积极上台的学生基本上都是英语学科比较突出的学生。

为了让更多学生主动参与到课堂听写的环节中来，我决定调整教学方式，采用"2+1"策略，即两项改革加一条规则。

首先，延长准备时间，给学生充分的心理缓冲时间和自我挑战的准备时间，尽可能让基础薄弱的学生减轻焦虑。其次，采用跑动听写的方式，即将一个单元的单词切割成若干板块，每四人一组到黑板上听写，每组只写一个板块，这样在减轻听写任务的同时又创造了更多的听写机会。与此同时，我又宣布了一条听写规则：凡是主动上来听写的学生，即使写得再糟糕，也会得到老师的表扬。

事实证明，"2+1"策略有效激发了学生的课堂参与热情。记得有一天，我刚走到教室，就看见黑板前早已整齐地站了四个学生准备当听写志愿者，我很奇怪："这么早站这里干什么？"他们异口同声地回答："因为再晚一点就抢不到位子了！"每次第一拨志愿者的听写任务结束后，后面的第二拨、第三拨学生都会争先恐后地踊跃举手，争取表现的机会，这让我既激动又欣慰。

在备课组进行经验交流时，其他教师让我分享下我所教的两个班英语成绩优秀的经验，当我分享课堂听写的"参与盛况"时，他们都难以置信地惊呼："怎么可能？我们班学生都最怕听写了！"我自豪地说："是的，我也特别惊讶，但我们班学生的确做到了！"我鼓励老师们，要善于在课堂教学方式上做尝试、做探索、总结经验，帮助学生在课堂互动环节中重燃信心，是激发学生的学习积极性与自主性、培养学生良好的学习习惯的关键。

第二重火焰：自燃。

有生命力的课堂绝不应该只是教师的自问自答，也不是让学生围绕预设问题寻找既定答案。然而在时间紧、任务重的课堂中，时常会出现教师既是提问者又是回答者的情况，教师滔滔不绝，学生却沉默不语。曾经我听过这样一节公开课：一位教师把一套试卷讲评得有理有据，似乎说服了在场的每一个学生，但从课堂里的沉闷和服从氛围不难看出，这位教师虽然完成了一堂课的任务，却没有点燃学生内心好奇与兴趣的火焰，没有让学生感受到学习的喜悦与自我燃烧、点亮自己的成就感。

俗话说，授人以鱼不如授人以渔。一堂课中，学生应该获得的不只是知识与技巧，还有追问、思辨的态度和品质。教师要引导学生学会自燃，鼓励学生发现自我价值、发掘自身潜力、确立自我发展目标。

与教师相比，学生更了解自己，同年龄段的孩子沟通起来的效果往往比成人与孩子的沟通效果更佳。经过观察我发现，在某些方面表现比较优秀的学生通常能够采用更容易被同龄人所接受的方式进行合作式学习。我开始反思，为什么不尝试把教学交给学生，让学生自主自燃？传授知识不只是教师的权利，每个学生都能够成为知识和信息的传播者。于是，我决定在课堂上采用"同伴导师制"的教学形式，让学生去教学生、教教师，通过这种方式激发学生的参与热情，充分尊重学生在课堂中的主体地位。

余秋雨先生说："一个不被挖掘、不被表述的灵魂是深刻不了、开阔不了的。不被表述的灵魂无法不断地获得重组。不断地表述实际上就是在不断地组建自己的灵魂。"为了让学生成为课堂的主角，我鼓励他们既能积极担任"质疑者"，又能主动成为"释疑者"。我鼓励所有学生主动报名成为"同伴导师"，争做"魅力导师"，让他们明白"当你点燃自己照亮别人时，就是你最幸福的时刻"。

在"同伴导师制"的推行过程中，一些学生在讲解时出现了紧张发抖、语言啰唆冗长、表达不准确、题目讲不清楚等各种问题，也引起了一些听众学生的质疑。我没有因此而终止，而是引导学生开动脑筋、自主管理。学生们纷纷各显神通，一方面进行讲题的自评和互评，对各自的讲题表现进行交流和反思，一方面做好每次讲题的错题统计、知识的整合和筛选等方面的准备工作。在他们的积极准备和自我调整下，一学期过后，全班几乎绝大部分学生都担任过"同伴导师"，经历过讲台锻炼的学生们俨然有一种小先生的气度和派头，自主学习能力和自主管理能力也稳步提高。

从教多年，我有一个深刻体会：大部分优秀的学生都不是天生的，都需要经过后天的努力才能取得成功。教师应为学生营造一定空间和氛围，让他们充分自燃，即独立其精神，自由其思想。事实证明，几乎所有学生都可以在教师的正确引导下通过自身的刻苦努力自能地发展。

第三重火焰：共燃。

这是一个有意义的世界，意义需要人去赋予。如果一个老师用很多话来暗示"课堂就是你们向老师学习知识的地方"，学生如何自主思考、迁移创新呢？换个方式，如果老师告诉学生"课堂是用来让我们彼此了解，收获成长和快乐的"，学生又将会给我们怎样的创作源泉和惊喜？

开学第一天，我就问了学生一个问题："学习的意义是什么？"有人说是为了考上理想的大学，有的说是为了找个好工作，还有人说是为了不辜负父母的期望……我说我希望大家是为了快乐而学。带着过于功利的目的去学习也许会比较高效，但是却无法创造出更有价值的东西，只有当学习和读书本身是件快乐的事情的时候，我们才会有强大的创造力和源源不断的灵感。所以，我们的课堂是师生一起从课堂和生活中感受快乐，让教和学都成为一种幸福的地方。

世界上没有完全相同的两片树叶，每一个学生都是独具特点的个体。我们力求形成差异共同体，让学生因差距而凝聚，变差异为创意。学生之间既有合作，也有竞争，竞争是为了促进发展。同时，学习共同体的组建能够把学生之间的差异转化成一种资源，通过构建学评共同体，实现学生多元智能的互补和团队之间的相互帮扶，进而培养学生的人际智能，达到星星之火可以燎原的良好效果。在这个差异共同体中，学生是被合作和竞争紧密相连的异质并存的多元个体，在交往与磨合中实现共生和共赢。

首先，我提倡共生，让学生合作学，让他们超越博弈，共享互惠。

在进行学生差异共同体的构建时，我力争用差异构建小组，用合作凝聚小组，用出彩成就小组。经过对全班同学近一个月的观察和了解，我首先把学习能力、性格、习惯、领导力等各具特点的 4～6 人进行组合，通过团队共同帮扶的力量，变差异为创意，力求展示出每个学生的学习风采，成就每个学生的个人梦想。同时，为了平衡各个小组的实力，实现更全面科学的共享互惠，每个月对学生的综合表现评估后，我会对小组成员进行重新调整，保持小组竞争的活力，力求突出合作意识、参与意识和研究意识。

比如，在进行读后续写的评讲时，首先让学生根据各自的特点自由自主地认领任务，较难的任务可以找同伴协助完成。

有的学生负责巧用思维导图列出文章的主要信息，有的学生负责写出后续故事发展情节，有的同学负责统计意见，有的同学负责和其他组交流，借鉴和扩充本组的内容。小组讨论后，我鼓励每一位代表积极追问和思辨，有时一节作文课甚至变成了一场辩论赛。在一次次地追问和思辨中，学生渐渐成长，在不断地融合中，学生们学会了质疑和思考。课堂上我喜欢讲解的过程中随机对学生进行追问，同时也很喜欢鼓励学生去提问题，有人可能会认为我在"浪费时间"——因为每一堂课我都会让大量的同学卷入，让他们相互提问，相互讨论，相互解答，然后再彼此追问，我也会同时加入追问和解答的大军。

越这样做就越发现这样做的好处，欲罢不能。学生们不再觉得讲课只是老师的事，他们也会参与问题的解决和回答；学生们不再觉得答案一定是唯一的，他们会在相互的分享中发现只有更好没有最好；学生们也不再认为问题越多的同学一定是思考越多的同学，他们发现质量比数量更重要。每个同学都被关注，被追问，被卷入。他们既是学生，也是老师，既是分享者，也是受益者。自主地学习，深入地思考，才能提出有价值的问题，才能高效学习，快乐收获。

其次，我提倡共赢，让学生合作评价，让每个学生都品尝到胜利的果实。

评价的意义是激励，是唤醒，是点燃。除了显性的考试成绩外，最重要的是要做有温度的教育。要变非合作性博弈为合作性共生，在共生中实现共赢，就要以全人教育为共同目标，帮助学生全面发展认知素质、情意素质，培养健全人格。

在课堂内外，因为评价者和批改者的单一化，老师很有可能形成思维定势，将更多的关注给予更加优秀的学生，忽略了普通或后进学生细微的进步和期待被关注的渴望。

因此，我在全班推广"同伴导师"和"伙伴评价制"，积极引导课堂中"默默无闻"的学生融入进来，让学生掌握主动权来成为评价者，他们甚至可以根据自身的阶段表现改变评价标准。学生在相互的评价和学习中更主动、深入地了解了学习目标和评价标准，激发了不同层次的学生相互帮扶的积极性，营造"三人行，则必有我师"的共赢氛围，让老师看到学生更丰满多元的表现，让学生成就更好的自己。

引领和辐射期：超越讲台，成为一名共燃共赢的辐射型教师

"一花独放不是春，万紫千红春满园。"教育事业是千秋万代、千家万户的事业，整个社会的事业，只靠一位教师或是一批优秀的教师是远远不够的，要培养好团队，带出更多的卓越优秀的教师。

一步一个脚印的旅程，让我逐渐成长和强大，更让我清楚地明白：我们成长的意义，不在于获得的荣誉和勋章，而在于回归课堂和教育战线后，基于自己的领导力和执行力培养学生的核心素养，为学生的终身发展奠基；在自己不断探索前进的同时，我带领自己的徒弟们和团队的老师吃苦耐劳、集思广益、资源共享，形成了非常浓厚的研究氛围，用自己的光和热对周围的教师，甚至更广阔领域的人们产生影响和辐射。

我尝试创建"悦读沙龙"读书活动，每周推荐一名教师担当领读人，组织师生共读，通过主题阅读传递学习的趣与美，从而激发师生共燃，实现师生共赢。

首先，结合师生日常工作学习生活、社会热点、兴趣爱好，提前确定阅读主题，师生领读人和阅读者根据主题选择自己喜欢的书进行分享。

其次，每期预热阶段提前给出师生领读人将要分享的书单，引导学生课内外共读。

最后，师生领读人进行线上线下分享，在相互激励和感

染的共读氛围中，师生实现共同成长。

你读我也读，是一种氛围；师读生也读，是一种传承。比如我们"悦读沙龙"有一期的主题为"梦想·启航"，我们将其具体细化为三大板块——"你的梦想是什么？""你如何实现梦想？"和"当梦想照进现实"。师生借助视频、PPT 等工具，分享了《月亮与六便士》《我的梦想》《牧羊少年奇幻之旅》《当幸福来敲门》等书的读后感悟。"悦读沙龙"让师生在交流品鉴中收获情感共鸣与幸福增值，让师生通过共读实现共燃、共成长。

如今，"悦读沙龙"逐渐跨学科、跨学段，逐渐系列化、精品化，逐步扩大为师生悦读成长共同体，形成了一定的社会影响力和凝聚力。

用自己的教学热情影响大家的同时，我力争以团队的力量，辐射的方式，凝聚一个团体，影响一批人，激活一个学科，带动一个区域甚至更大面积的老师，来搭建一个平台，让更多的教育工作者一起探讨教育理念，研究教育方法，将教师队伍建设推上一个新台阶。

"教育本质是一棵树摇动另一棵树，一朵云推动另一朵云，一个灵魂唤醒另一个灵魂。"是啊，教育不是你赢我输的博弈，是点燃，是唤醒。

学校不应该是教育的博弈场，而应该如毛主席的《沁园春·长沙》中所写："鹰击长空，鱼翔浅底，万类霜天竞自由。"学校应是让每一颗种子都得到发展，享受生命，绽放光彩的玫瑰园。

新时代教育的本质是超越博弈，走向共生。教师成长之路既是自我的蜕变与升华，也是对健康善良的生命、活泼智慧的头脑和丰富高贵的灵魂的培育与守候。作为学生心灵花园中的悉心园丁与成长路上的温柔引路人，教师们若能携手并肩，成为学生们前行路上的陪跑者与同行者，共同在教学相长的旅途中彼此激励，相互成就，那么，在这场静悄悄却又充满生命力的教育革命中，我们终将共同见证一朵朵生命之花在陪伴与守候中绚丽绽放，共映教育的春晖满园和美好明天。

杨方：大道至简，方显教育之美

名师档案：杨方，湖北省特级教师，湖北名师，正高级教师，教育部"双名计划"（2022—2025）入选名师，"顺导教育"倡导者，获湖北省幼儿教育优秀教师、黄冈市首届劳动模范、黄冈市第三届学术技术带头人、黄冈市高层次人才等荣誉称号，获湖北省首届优质课比赛一等奖。

当我主讲的《顺导教育》讲座页面定格在央视新闻中时，我的思绪却不禁回到了童年的故乡。记忆深处，村子里的"毛头姐"总是带着我们在小山坡上尽情玩耍，那时的我们，天性肆意生长，欢声笑语充盈着每一个角落……此刻，我恍若领悟，原来是一个七岁的小姐姐点亮了我教育思想前行的方向。

向他人学习：教育用力过猛的迷茫阶段

1993 年，我从湖北省幼儿师范学校毕业，回到了自己曾就读的黄冈市实验幼儿园。当时，各个学科的知识被系统地划分，实施的是分科教学，如体育、语言、常识、计算、音乐、美术等。每个科目都有独立的教学目标和内容，教师针对各学科的特点进行专门的教学。

在分科教学的背景下，年长的老师的教学示范通常遵循一套固定的教学环节和流程。如语言课讲故事，先是激趣导入，然后或完整或分段讲述故事内容，并提出具体问题，接下来是复述故事，最后对故事进行简单总结，强调故事的主题或道德寓意。教学多是知识导向、能力导向：读准几个音，清楚几个词义，懂得一个道理，会讲一个故事。常识课的目标、内容、流程更是以知识为导向：带着孩子们认识祖国、建筑、交通工具、节日、动物、昆虫、四季等，包含了社会认知和自然知识。

教学有相对固定的流程，有提供好的标准答案，于我而言，组织开展教学是一件不太难的事情，但我仍坚持每次提前备两次课，一次在草稿纸上，一次誊写到备课本上。

一次上课，我出示了自己用心绘制的汽车图片，问："这是什么？"孩子们异口同声地回答："汽车。"我又问："你们知道汽车是由什么组成的吗？"这下班上炸开了锅："刹车片、冷凝管、减震器……"目瞪口呆的我邀请孩子们上来讲解，发现他们的知识远超我预设的答案"车头、车身、车尾"。

我突然意识到所谓的"标准答案"是空洞的，固定的教学环节是刻板的，自己教师的位置是岌岌可危的。

1996年，原国家教委颁布实施了《幼儿园工作规程》，我园顺利被评为首批省级示范园。为规范管理，幼儿园对一日活动常规提出了更高的要求。

"早晨入园先休息""午睡起床务必保持安静""进餐时不能交头接耳"……年长的教师负责制定班级常规，我也努力地培养小朋友养成良好的行为规范，但往往事与愿违。

老师越主动要求，有的孩子越消极应对。在这一阶段，我过于依赖外部的教学理论和方法，缺乏深度思考。本着高度的"责任心"，我实施了"用力过猛"的"我要教什么"的教育，过于强调教师的主体，重视教学结果和教育效果，忽视了幼儿个体的需求与发展。

跟进各具特色的教改：摸索前行的探索阶段

随着"综合课程"概念的引进，过去 20 年间，幼儿园的课程改革如潮水般涌来，各种新理念和新课程不断涌现，给教育工作者带来了极大的挑战。综合课程、主题课程、游戏课程，以及区域游戏、自主游戏等众多改革措施相继推出，"游戏和课程的关系""课程的知识导向与探究导向""教学的预设与生成""游戏与集体教学的关系"等诸多议题成为研讨热点。虽然这些改革在理论上为孩子们的学习和成长提供了更多可能性，但在实际操作中，许多教师却感到无所适从。

在一次培训中，我第一次接触到主题课程。主讲教师围绕"苹果"的主题设计了一系列艺术、科学和实验活动，展示了主题课程的系统性和开放性。然而，部分教师在实际操作中采取了生硬的方式，例如，将健康活动设定为"投掷苹果"，将科学活动简单地安排为"数苹果"。这样的做法表面上看似符合主题，实际上却牵强附会，缺乏真正的内涵和关联。

在制订课程计划时，教师们还面临着"如何将各个领域有效结合、避免内容重复或脱节"的难题。在实施过程中，当孩子们对同一主题的兴趣逐渐减弱，缺乏深度探究，教师们又不得不思考如何继续激发他们的兴趣。此外，"班级两位教师如何协作，就一个主题连续性开展活动"等问题层出不穷。

游戏课程被广泛认可为促进儿童发展的有效方式，但在实践中，许多教师缺乏足够的支持和专业培训，难以把握游戏的核心价值。游戏被定义为有目的和引导的学习过程，而非简单的玩耍，这对教师提出了更高的要求。

环境创设方面也经历了显著的变化。从早期的美化、童趣，营造愉快的学习氛围，到逐渐向五彩斑斓、丰富多样的方向发展。教师们在室内外空间中设置更多的学习角、游戏区和探索区域，以满足孩子们多样化的学习需求。近年来，幼儿园环境创设逐渐回归自然，强调原木色的温馨和舒适。教师们开始注重环境与教育活动的有机结合，试图通过环境创设更好地服务于教育。这种转变增加了教师的工作负担，导致他们的身心疲惫。

面对繁重的工作，许多教师感到力不从心，甚至开始怀疑自己的教学能力和专业素养。在多重压力下，他们逐渐意识到，课程改革不仅是内容和形式的变化，更是教育理念和教学方法的深刻转变。教师们渴望获得更多的支持与理解，以便在改革浪潮中找到自己的定位，为孩子们的成长和发展提供有效的引导和帮助。

寻求自我突破：思想尚在雏形的迷茫阶段

越是在教改的浪潮中迷失方向，越需寻求简化和回归本质。

既然曾经以为的有效备课被孩子的知识储备狠狠地讽刺了一把，于是我试着课前不备"课"，备"孩子"；尝试不提前预设所有的问题，而是顺着孩子的想法追问；不花费多的时间在教具制作上，而是尝试用最简单的物品予以替代——从自我减负开始。

一天，我花了十分钟制作了一朵简易的七色花，然后为孩子们讲述了一个《七色花》的故事。故事结束后，我没有进行常规性提问和复述流程，而是直接问孩子们："你们想说什么？什么都可以！"一个孩子说："童话故事都是骗人的。"对于这样的回答，我并不感到意外，因为我长期努力走进孩子的世界，逐渐形成了"儿童视角"。

有旁听的老师可能会认为孩子的话与故事教学毫不相干，甚至是干扰课堂。可这个话题毫无意义吗？我的第一反应是"弥足珍贵"。因为在不久之前，某地就发生小孩儿模仿童话故事的情节，从三楼窗户"飞"出去不幸重伤的事件。

如果早期我们就能多听孩子怎么讲，了解孩子怎么想，也许这样的悲剧就不会发生。

孩子们对这个话题也很有兴趣，师生展开热烈的讨论后，小兰举手说："就算童话故事不是真的，我也很喜欢，因为很美。"话题再次回到故事上，我表示赞同："是呀，童话不是真的，七色花不是真的，神仙也不是真的，但我们还是可以许愿，说不定哪天就真的实现了。"

孩子们的愿望各不相同。有小小的愿望：让我在家里吃到一个苹果，想要一个布娃娃，还有看到彩虹；有成长的愿望：长大了当动物学家，让自己跑得更快；有清新脱俗的愿望：让花瓣把妈妈变得越来越美，把爸爸变得越来越帅；也有巨大的愿望：希望所有人快快乐乐、健健康康、平平安安地成长，让人们从此不变老，让全世界的人身体健康、快快乐乐地活下去。我说："你们的愿望都很美好！猜猜，杨老师也只剩最后一片花瓣，会许什么愿？"我假装认真地扯下最后一片花瓣，抛出去："让我再得到一朵一模一样的七色花！"孩子们爆发出热烈的掌声和笑声。

减负的同时，还要增效。我追随孩子的兴趣即兴生成教学，实际就是在实施儿童本位课程，强调在教育过程中儿童随时产生的丰富的不确定性和创造性，认同课程是动态的、可变的、开放的。变知识逻辑为情感脉络，减少过多的计划安排，让每一个孩子都能在轻松中深化理解，获得长足发展。

在一次教学活动中，孩子们了解"姓氏"的概念后，开始寻找班上和自己同姓的伙伴。我听到赵梓萱叹了口气，便上前询问。她表示不喜欢自己的姓氏，因为班上只有她一个人姓赵，感到孤独。我吃惊地说："你的姓多好呀！你知道吗，历史上有个朝代的皇帝都姓赵，这是很了不起的姓。"这时她的眼睛突然发亮，我抬头询问其他的孩子是否认识姓赵的人，孩子们纷纷举例，一时间，古代的、现代的，著名的、非著名的，以及"百家姓赵姓排名第一"，答案异彩纷呈。赵梓萱这时说起爸爸和姐姐也姓赵，引发了大家的热烈讨论，我提及姓氏继承的传统和变化，例如有些孩子跟爸爸姓，有些跟妈妈姓，又引发了孩子们对姓氏和家庭关系、男女平等等多个话题的深刻思考。

活动结束后，孩子们意犹未尽。第二天，许多小朋友排队分享他们收集的《同姓人名单》。有的将名单按好坏分类，表达了自己要当"好人"的决心。有的大谈特谈某位同姓前辈的光辉历史，表达对自己姓氏的自豪感。打破常规的教学流程，我成功激发了孩子们对姓氏的兴趣和深入探索，体现了教育的真正意义。

一次次活动让我深刻体会到，要重视和顺应儿童个体在教育过程中思维、行动的走向，随时确立可能达成的教育目标，不强调目标的预设，而是追随目标的即时生成。我形成了自己的教学风格，不拘泥于传统，更注重与孩子们的互动和理解，真正走进了他们的世界。

"如果将入园后、进餐前用来安静休息的时间做你们喜欢的事，可以做什么？""午睡起床后，你们认为应该做什么？""进餐时能不能交头接耳？"孩子们热烈讨论，形成了自己的班级公约——取消无谓的休息，调整为安静做自己喜欢的事，小朋友轮流讲故事、表演小节目，"碗长"负责摆放餐具，"桌子长"和保育老师一起清洁桌面；先起床的小朋友可以帮助有需要的小朋友穿衣服、整理床铺，有意愿的小朋友还可以分批组建"帮扶小分队"去隔壁小班帮助弟弟妹妹们；吃饭时，应该保持安静，但有需要时可以说话。

这个时期，我尝试改变传统班级生活活动中负向的限制、约束、齐步走为正向的放手、自主、包容和期待。

2010年，我在新华书店偶然看到南京师大的屠美如教授主编、教育科学出版社出版的《向瑞吉欧学什么——〈儿童的一百种语言〉解读》。稍作翻阅后，我便爱不释手，果断买下。回到家后，两天内一口气读完，畅快淋漓。

书中展示了意大利北部小镇瑞吉欧独特的幼儿教育方式。瑞吉欧教育强调儿童权益，认为儿童作为社会的一员，他们的想法和需求需要被看到和尊重。儿童有一百种语言，通过多种途径探索周围环境和表达自己。瑞吉欧重视以兴趣为导向的生成课程，没有固定的教材和预设活动方案，教师和孩子可以根据兴趣进行探究和学习。环境被视为孩子的第三任老师，激发孩子的兴趣和探究欲。瑞吉欧还注重幼儿园与家庭、社区的协同共育，鼓励孩子在不同情境中通过社交互动发展认知能力并建立情感联结。

我与之共鸣，认为儿童身上有着天然的兴趣和本能，是积极的、主动的、有能力的学习者；也惊叹于瑞吉欧教育体系全面落实儿童作为文化的享有者和创造者的权利，使他们积极参与自我发展和建构。

我开始深度思考如何吸收瑞吉欧的教育理念，结合自己的具体实践，在众说纷纭的教改中因地制宜、化繁为简、另辟蹊径，为幼儿园课程实施提供新的视角和思考，解决部分现实问题，在课程改革的道路上走得更加稳健和从容。

❙ 形成"顺导教育"主张：理解大道至简的智慧阶段 ❙

一天晚上，我在阅读一位现代教育家的文章时，被一句话点亮："教育要顺应孩子的天性。"

我茅塞顿开，瑞吉欧谈到的"天然的兴趣和本能"指向的不正是"儿童的天性"吗？教改强调处理好游戏与集体教学的关系，课程设计应融入游戏元素，使学习生动有趣，帮助幼儿在游戏中掌握知识，不正是因为游戏是幼儿自然的表达方式，能够激发他们的兴趣与创造力吗？课程应从知识导向转向探究导向，不正是基于对幼儿天性和主体性的尊重，鼓励他们自主探索和发现吗？教学有预成的同时，还要根据幼儿的反馈或需要灵活调整或生成教学方案，不正是为了满足每个孩子的个性化需求，顺势助推内驱力，使他们在此过程中自然获得发展吗？

我意识到，数次教改的核心举措均体现了顺应幼儿天性的底层逻辑，同时也契合了瑞吉欧的教育思想，但"天性"在此过程中并不是一味"顺应"，这个词的词义缺少对教育作用的具体表达。于是，我立刻拨通了黄冈师范学院童三红教授的电话，向他请教如何更科学地表达，他建议我自创一个词再找出处。我想到"教育要顺应孩子的天性，又要把他们的发展引导至社会需要的轨道"——"顺导"，我的脑海里随即浮现这个词，结合了"顺应"与"引导"，既尊重幼儿天性，又强调教师的智慧引导。童教授认可了这个词，并鼓励我寻找出处。登录"中国知网"进行搜索后，我发现明代王守仁儿童教育思想的核心内容即为"顺导性情"：使儿童体会到"鼓舞"和"喜悦"，"顺导其志意，调理其性情"，促其自然发展，自然就会"日长月化"。

这让我备受鼓舞，但"顺导"一定还有出处。查找文献后，我惊喜地看到"顺导教育"的相关理念在很多教育理论中都有体现。裴斯泰洛齐认为："教育要适应儿童的心理发展，要调动儿童学习的自我能动性与积极性，让儿童成为他们自己的教育者。"美国教育家约翰·杜威认为："儿童的本能或天性即是一种潜在的能力，教育不是要泯灭或压抑它，而是要尊重它，利用它，引导它，把它引向正确的道路。作为教育者首先应当了解它，才能指导儿童进行学习。"陈鹤琴的教育理念融合了卢梭与杜威的，他认为儿童的自然状态即天性，教育应遵循这一原则。他总结儿童天性为"好游戏、好奇、好群、好模仿、喜欢野外生活、喜欢成功、喜欢别人赞许他"，主张顺应天性实施教育，而非强加干预。"安吉游戏"更是"顺导天性"的实践样本。

获得了有力的支撑，我又努力回忆自己跟随教改的过往，灵魂三问——我的教育方式有什么不同？我的孩子发展有什么不一样？我的班级管理有什么特别之处？以"对孩子天性的顺应和引导"的理论为基础，教育的行为和道理就变得显而易见了。如我们打破常规要求，弹性活动时间，重新梳理大家认同的一日活动要求，让幼儿在自由宽松的环境中生活学习，正是因为孩子天性好自由；在教学活动中贯穿游戏，让幼儿在玩中学、乐中学，是因为孩子天性好玩好动；我常常捕捉他们的兴趣点，即刻生成相应的活动，满足他们的身心需求和探索欲望，是觉得既然他们天性好奇，就应该赶紧保护起来；鼓励他们走到前面，大胆尝试扮演老师的角色，提供机会让孩子成为孩子的老师，让孩子成为老师的老师，是因为大多数孩子都"好为人师"；我和孩子们开展主题为"打败不可能"的系列活动，PK 在一张 A4 的纸上画出脖子最长的长颈鹿，挑战不借助工具一次运送最多的积木，跟他们比脑力、比体力，为的就是迎合他们好争好斗、好强好胜的天性……

2020 年 6 月，作为湖北名师学前教育工作室主持人的我率先提出"顺导教育"的教学主张：顺应儿童的天性和成长的自有规律，悉心感知幼儿学习与发展过程中呈现的独特个性，教师共情共鸣、顺势助推，捕捉幼儿随时发生的情感、兴趣、能力需求，运用多种策略引导孩子释放天性与潜能，助力其身心得到最大限度的调和发展。

同时提炼"顺导教育"实施的三部曲：一是要求教师学会认知、辨析、知晓幼儿的天性；二是用温和的态度接纳幼儿个性差异，尊重其发展所需；三是有效利用教育智慧引导个性健康发展，促进幼儿"自然生长、蓬勃生长"。

具体来说，教师在实施"顺导教育"时，首先需要深入了解和认知幼儿的天性。这意味着教师要通过观察、倾听和互动，认识到每个幼儿都有独特的个性、兴趣和需求。教师需要具备辨析能力，理解幼儿在发展过程中的特点和变化，为后续的教育实践提供指导。

其次，教师应以温和的态度接纳幼儿的个性差异，摒弃一刀切、齐步走的教育方式，关注、理解每个幼儿的独特性，以包容、悦纳的心态对待他们。如此，教师能够建立良好的师幼关系，营造激发幼儿自信心和积极态度的精神环境。

接下来，教师还要运用"顺势而为、因势利导"的教育智慧，捕捉个体发展的教育契机，给予幼儿足够的自由空间，创造积极的学习环境，鼓励他们展示个性，满足他们各自的学习需求和兴趣，帮助幼儿发现自己的潜能和生长点，促使他们在自然的学习中不断成长和进步。

确立了教学主张，也就描绘了"建设"的蓝图，我与班级教师自主启动了新一轮的"教改工程"。

第一个动作是"拆围墙"——打破家园之间的那堵"墙"，通过开展专题讲座、主题交流、线上对话等活动，让家长了解"顺导教育"的内涵。每周五离园时邀请家长进入班级，组织展示活动，让他们为孩子的精彩表现感到自豪，并感受教师的教育智慧。周末，家长可以自由组团进行亲子游，进一步联系家园感情。家长还可以通过预约分批进入班级，陪伴孩子并参与教学，打造支持性的共育环境。

第二个动作是"填沟壑"——填平传统教育中教师和学生之间的不对等关系，从最大化尊重孩子入手，建立新型的师生关系。通过倡导"老师是杨小方，我是黄小陶，她是陈小朵""我也可以成为老师的老师""我也可以打败老师"的理念，使教师不再高高在上或成为绝对权威，而是成为同伴和竞争者。师生之间相互尊重、互为偶像、平等互助、共同成长。

第三个动作是"破壁垒"——打破教师权威和知识权威，激发幼儿的批判性思维和开放性思维。教师不直接告知答案、不急于回应问题、不主动解决问题，而是鼓励幼儿不一味信奉答案、不急于求助，自觉主动大胆地质疑，并多角度思考和解决问题。

第四个动作是"通渠道"——拓宽师幼互动的方式和内容，增加一对一和一对少数的交流，高度关注幼儿的情绪和情感状态，及时进行深层次的情感交流和对话，洞悉他们的情感需要。捕捉和追随孩子的一句话、一个动作、一个兴趣点，了解他们即兴发生的兴趣爱好和真实的内心向往，确定助推的方向和路径，生成可深度探讨的话题和有探究意义的教学活动，促使他们参与自我发展与建构。

第五个动作是"垒平台"——搭建平台提供时机，助力孩子个性化的发展。班级工作大家分担，人人有岗位，各自承担职责。班级的事情由大家共同决定，包括岗位职责、轮岗制度、"工资"发放标准、奖惩办法、"工资"用途等均由幼儿自己讨论和制定。班级成为"小社会"，每个孩子本着"人人为我，我为人人"的态度认真负责地承担自己的职责和义务。甚至在班级的教学中，幼儿也是发起者、教师和对象——幼儿是整个教学活动的主导和主体，是活动的"真"主人。

第六个动作是"拓疆域"——不断拓展"顺导"的未来。随着"顺导教育"实践研究的深入，其蕴含的教育观念不仅限于"从幼儿天性出发，顺应其发展趋势进行引导"，还强调教师与儿童作为"双主体"之间的"顺势而为"和"因势利导"。具体来说，"顺"指的是顺应儿童的情感需求、兴趣取向和个体差异；而"导"则意味着引导儿童向上向善、发展兴趣，并鼓励他们以多样化的方式展现自我，更有效地支持儿童的全面发展。

大道至简，教育最终目标是"成人之美"，以幼儿为主体，顺承儿童天性，顺时发展个性，顺应成长规律，顺延所长所能，顺遂成长心愿——这将是我教育思想的最终追求。

闫妍：向下扎根，向上成长

名师档案：闫妍，陕西省特级教师，正高级教师，教育部"双名计划"（2022—2025）入选名师，陕西省高层次人才特支计划教学名师，陕西省中小学教学名师，陕西省教书育人楷模。

　　成长，是一个不断战胜自我的过程，在近 30 年的教学经历中，我和学生一起不断向下扎根，努力向上成长，从大处着眼，从细节入手，向思想的深处进发，向精神的高处攀爬，用诗意的生存方式和状态，为语文着上生命的色彩，体味教育的美好。

挑战搭建成长的阶梯

　　热爱是锻造工匠精神的不竭源泉，它激励人不懈追求，精益求精。带着热爱上路，让专业成长中的每一个挑战，都能成为成长的台阶，助力我们向着目标前进，追寻向往的风景。

1996年，我被分配到铜川市第四中学从事历史教学工作。进入陌生的校园，看着学生稚嫩的面庞，我既紧张又兴奋，怀着好奇和敬畏走上了讲台，开启为师之路。初为人师，我首先遇到的挑战就是如何摆脱娇气、傲气、学生气，让自己看起来像老师，自信地站稳讲台。在最迷茫的时候，我感受到了集体的温暖和力量。教研组长李老师带领我们研究教学方法，分享教育心得，教研组老师互相鼓励、互相支持。每一次集体备课、每一次教学研讨，都让我受益匪浅。在这个大家庭中，我找到了前进的动力。我从认真备好每一节课入手，查阅教学参考，夯实教学任务，精选教学习题。为了吸引学生，我把学科内容与游戏元素相结合，组织学生开展讲历史故事比赛，排演历史课本剧，到耀州窑博物馆参观，让学生喜欢上历史课。那一年，我们在全市的成绩统测中拿到第一名的好成绩。好好备课，让我在课堂上更有底气，我的教育生活也变得有意义。

　　新的学年，学校任命我为班主任，把45个孩子交给了我。我从为一个人负责，到为45个孩子负责。改变的不仅是我对待教育的态度，也改变了大家对我的看法。那个好高骛远的我慢慢变得沉着稳重，踏实肯干。我观察优秀班主任的管理细节，学着建立自主管理班级的班干部机制，尝试提高沟通能力，注意控制自己的负面情绪，在学生无理取闹的时候也显得胸有成竹。我体会到教学基本功是教学自信的根和源：教师要先能管住课堂纪律，再谈教学方法；先解决学生想学的问题，再教他怎么学；先改变师生关系，才能改变学生成绩；先付出苦干的努力，再谈巧干的窍门。教师要全面提升学生的素养，必须从习惯入手，而习惯养成就是抓细节，抓积累，抓坚持。我在四中的六年时光中，每年为学校排演元旦文艺汇演节目，代表学校参加教师基本功大赛、演讲比赛、论文大赛，上市级历史公开课，在一个个新任务的挑战中，我逐渐成长为一名被同事和家长信任的校级优秀教师。

2002 年秋季，我调入铜川市第五中学，这是我的母校，是当年全市最好的初级中学。我在母校的培养下，逐渐成熟起来。这个过程中，既有浅尝甘霖的欣喜，又有屡遭挫折的痛楚，更有不眠不休的焦虑，以及对于教学理念和课堂实践的迷茫与困惑。

记得学校给我的第一个挑战是由历史改教语文。为了让我的语文课摆脱历史教学的痕迹，我把历史教学的理性思维和语文的美学感受结合在一起，让语文课更有吸引力。在市教研室常规检查的推门听课中，语文教研员竟从我青涩的常态课中听出些"与众不同"，推荐我参加"课程改革语文观摩示范课研讨会"。这节课师生全情投入，学生主动参与，活泼新颖的语文活动形式，受到老师们的好评。此后，我在语文课上带领学生在活动中体验语文的新奇与快乐，让学生在经历中感受，在辩论中思考，在感悟中产生情感的共鸣。我的语文课也变得丰富多彩起来，新闻播报、故事会、插画大赛、课本剧展演、辩论赛等活动得到了学生的喜爱。在平凡的教学工作中，我认识到作为教师的我们，不仅要掌握扎实的学科专业知识，还要超越现有专业领域。我们要通过丰富的个人知识结构、敏捷多维的思路、潜心钻研的治学态度和饱满的教学热忱，以潜移默化的示范作用和润物细无声的方式引导、感染学生，让学生每一个45分钟都过得有意义，这是我们的教育责任和师德底线。就这样，学校将一个个任务交给我，教研组长、年级组长、心理辅导老师、校报责任编辑、家长学校授课教师，我在一个又一个任务中，逐步成长为正高级教师、特级教师、教学名师。

年轻教师最重要的就是不断学习，抓住机会，迎接挑战，努力去解决那些最棘手的问题，那前行路上播下的星星之火，终有一天回首望去已成燎原之势！

▎ 相信坚持的力量 ▎

大道至简，贵在坚持。没有谁天生就是优秀的卓越教师，在目标和现实之间，一定有一段需要我们独自坚持，不断努力的过程。教师必须有坚持不懈的教育勇气，以及面对质疑百折不挠的决心。我坚持在课堂教学实践的历练中，追寻真正的语文味道，实现自己的理想初衷。

2004年，我参加全市语文创新课堂大赛，课题是《事物的正确答案不止一个》。教学这篇提倡创新思维的议论文，我力求创意出奇：引导学生讨论一块砖头的用途，带领学生筛选文中作者论述的不严谨之处，指导学生摘抄文中创新格言，课堂气氛很是热闹。但大赛成绩却很不理想，评委认为我的课堂缺失了语文味。"语文味"这个词犹如一根针扎进我的心里，我该怎样找到缺失的语文味呢？不久，我又参加了全市教学能手大赛，抽到的课题是《唐雎不辱使命》。为了突出文言文的语文味，为了强调语文教学的知识性，我把所能涉及的知识点都想讲到、讲深，一节课讲了45分钟，写了一黑板板书，学生笔记记了一课本。铃响了，我准备的教学内容却还没有讲完。这次又矫枉过正，我被评委批评为新瓶装旧酒。刻意求新以至于课堂失去了语文味，可重回旧路又失去了语文的创新性。我认识到，与其灰心丧气，不如下定决心提升自己的专业实力，而学生的成绩是教师自信力的基础，没有学生的好成绩，就很难得到家长和同事的信任。为了激起学生斗志，我和学生约定开展阅读能力竞赛。学生备战中考，我也同时备战"全国语文教师阅读大赛"，模拟考试的时候，我和学生同时做题，互相批改，不断提升自己的试卷讲评能力。我还利用一次次参赛课、观摩课、研讨课磨炼自己，屡战屡败的我，屡败屡战，越挫越勇。《白雪歌送武判官归京》让我体味到诗意语文，《散步》让我沉醉在情境阅读之中,《邓稼轩》让我尝试长文短教,《罗布泊，消逝的仙湖》让我练习板块教学。我在常态课中坚持锤炼教学基本功，在公开课中检验自己的教学能力，在教学测评中发现教学中要改进的问题。

2011年，停赛多年的陕西省教学能手大赛重新启动，经过层层严格选拔，我终于争取到参加大赛的资格。规则要求参评教师不能携带任何教学资料和电子设备进入现场抽课，因此参评教师必须熟悉课程标准，研究教材，精通教法，了解学生，基本功扎实。大赛当天，我抽到的课题是《春酒》，那节课很多细节已经忘记，但课堂上师生精彩的对话瞬间，课后内心的欣悦和幸福却一直铭记在心，好的语文课堂必定是建立在语言实践的基础上的，必定是师生共同成长、共同分享体验感悟的过程。教师要用旁征博引的教学，引导学生收获灵活而不轻浮、厚重而不呆板的教学效果。当所有这些经历化作每一堂课，并吸引了孩子们的目光时，当师生常有思维碰撞、常有智慧的火花闪亮时，我好像忽然明白了，教学不仅仅是参与、是经历、是感受，更是师生亲历后的总结提炼、反思内化，要在语言实践中感受学习的幸福。这次赛课中我终于找到了自己的教学风格。

2013年，陕西省教育厅教师处从历届优秀教学能手中，遴选"陕西省名师大篷车送教下乡专家团"成员，我有幸参与其中。在陕西省教科院同军咸主任、薛翰明主任严格指导下，我的专业成长如春笋拔节。薛老师带领我们这个送教小团队开始魔鬼训练营式集中磨课。磨课的标准很严格，我熬夜完成的一篇篇教学设计被批得体无完肤："为什么一定要有教学导入？""多媒体不用不行吗？""教学流程是为你考虑还是为了学生？"每一次的质问都让我重新审视自己教学行为背后潜藏的教育陋习。最后终于迎来薛老师中肯的评价："通过这一案例我们欣喜地看到，教学设计者正处于超越和蜕变的过程中。"我与同行的专家和送教的教学能手们，利用周末休息时间，从陕北到关中，从关中到陕南，把大篷车的印迹撒遍三秦大地。我在送教中的最大收获是积累了《望岳》《湖心亭看雪》《老王》《记承天寺夜游》《观刈麦》等一批研讨课例。送教中，我曾获得过听评课教师的满堂掌声，也曾被当作反面案例严厉批评。但我的心理越来越强大，心态越来越平和。因为成功的课堂有示范的作用，失败的公开课也有研讨的意义。我更关注的是在这个过程中对学生深度学习的策略提炼，我所思考的是师生与教材文本如何融合，教材才能转化为现实的文本，才能实现学生的自我探索、自我追求、自我思考、自我创造。

苏霍姆林斯基说："课，就是教育思想的源泉；课，就是创造活动的源头，就是教育信念的萌发园地。"一个期望专业成长的教师，或许没有出类拔萃的才能，但我们都可以有坚韧不拔的意志，专注于课堂实践，用自己的一生去热爱一份事业。

┃ 读书、写作、课题研究助力专业成长 ┃

读书、写作、课题研究是教师专业成长的三驾马车。要提高专业水平，不仅要研究课堂，还需要做好读书、写作、课题研究。

阅读是一种思考，是一种反省，是一种探索，是一种与现实的不妥协。读书是一种生命状态，是一种生活方式，更是一种教师必备的精神生活。正如于漪老师所讲，要真正读一点"磨脑子"的书，读一点经典。作为一线教师的我们，理论专业书籍阅读往往不足，缺少合理的教育教学专业知识体系，读后没有深入的梳理总结和内化吸收，成效并不显著。因此，我在专业阅读中重点关注项目式学习、具身认知、深度学习、教育教学前沿理论，学习量化研究、质性研究等研究方法，反复阅读《学习的本质》《皮亚杰教育论著选》《我们怎样思维·经验与教育》。在《语文科课程论基础》《理解与创新：人本中心的透视和解读》《批判与探寻：文本中心的突围和建构》《经典阅读与语文教学》等名家专著的阅读中，我理解了读书不仅是个理论问题，也是一个实践问题。通过专业阅读，我思考教育的本真在哪里、教育改革的路在何方，重拾教育生活的意义，而不仅仅是做一个知识和信息的贩卖者。在阅读中我养成了勤于积累资料、勤于笔札的习惯，建立学术档案，以读促写，在读书笔记中记录阅读思考中最有价值的闪光点。阅读不仅仅是语文的事情，而是所有学科的事情。我想，把学生带进阅读，不能仅仅靠阅读作业或阅读课，更需要给予他们一种阅读的习惯和意识，让阅读成为学生日常的生活方式。我带领学校教师用阅读推动学校整体课程建设，将我们的校园环境和所有师生都凝聚成阅读的力量，让大家一起成为习惯阅读、爱阅读、会阅读的人。

"板凳要坐十年冷，文章不写半句空"，教师要教书，要读书，更要写作。教学是一项专业性很强的工作，需要我们在实践中不断反思，才能逐步成长。记得学校曾推荐我参加"国培计划"的农村骨干教师培训。我抓住培训的机会认真学习专家主题报告，在专家的提醒下，开始尝试养成及时写作的习惯，体会到开始写要比怎么写更重要，理解了写而后才会写的道理。我以教学实践需要解决的真问题为起点，以教师的身份进入研究，通过行动研究、案例研究，反思在日常教育教学中存在的问题，整理研究问题的过程，记录研究中的感悟和体会，过一种持续的写作生活。郑桂华教授指出："语文课是师生共同成长的生命体，教师是学生的陪伴者，要想提升教学水平、优化教育质量，就必须在开展教学活动的同时不断自我反思、自我扬弃，实现教学相长，在教学中开展研究，以教研促进教学。"我坚持学习名家先进理念，观摩名师典型课例，及时撰写教学反思。仅仅《故乡》这一课的教学反思，我反复补充了六次，有时是教学设计的改进，有时是教学细节的斟酌，有时是教学拓展的补充。市教研室老师教学常规检查教案时说：闫老师的教案本都贴成"鸡毛掸子"了。我用文字梳理自己的教学特点，记录教材解读的收获，记录教学设计的流程，记录课堂教学的细节，记录教学反思的理性思考，在教学实践中积累写作的素材，在写作中提升专业素养。我意识到，每个教师都应书写自己的教育史，观察课堂中的教学细节，总结工作中的思考感悟，记录每届学生的成长足迹，用心、用情撰写我们自己的专业成长史。写作让我的语文教学不仅从感性向理性转变，更是从盲从到思考、从表层到本真实现蜕变，在蜕变中我也越来越重视语用内涵，注重语用体验，我开始在《语文教学通讯》《中学语文教学参考》《陕西教育》《教师报》等报刊发表文章，还参与编写《阅读教学教什么》《名师语文课》等教学著作。

课题研究是比学习更为有益、更为深入的一种成长方式，应该成为每位教师成长的必经路径。课题研究就是基于我们自己的实践、经验、教训和困惑，开展有效的深入探索，从而探寻出问题解决的优化方法。作为陕西省校本研修专家的同军咸主任全力指导我们开展课题研究，他建议：把问题提升到课题的高度，用科研的方法去解决问题。我积极申请立项了省级专项课题"初中语文体验教学方式实践研究"，并带领"陕西省优秀教学能手闫妍工作站"的成员开始课题的探索实践，在此基础上又先后申请省市级课题"初中体验式作文实践研究""智慧校园环境下体验式学习实践研究""促进深度学习的体验式有效教学案例研究""体验学习理论视域下古诗词校本课程建设与开发"等系列课题，围绕"体验"这个核心词，像扎钉子一样不断向深处、细处探究，我和课题组成员在课题研究中不断验证完善教学实践，课题成果获陕西省基础教育成果一、二等奖。

专业阅读、写作实践和课题研究，让我深刻理解了语文教学既是对学生主体的启迪，也是对主体个性特点的培育，因此教学具有丰富的情感特征，并外显为一种诗意的生活方式，洋溢着灵动的生活色彩，引领参与体验者去积淀生活的经验，丰盈人生的智慧。

▌ 相信团队的力量 ▌

2016 年，我被遴选为陕西省特级教师和陕西省第二批名师工作室主持人，我以课堂实践活动为载体，以"体验式教学方式"课题为抓手，积极推进语文教学课堂实践研究，积极开展学生体验主题活动、校园文化建设主题展示活动和有效课堂示范课活动。我首先加强工作室内部建设，对工作室内部成员进行了具体分工，创建了工作室博客、中学语文教学论坛，栏目涉及教学资源、教学设计、教研论文、调查问卷、课堂实录等。担负工作任务的老师就像追求理想的同路人，更像互相帮助的兄弟姐妹。为了让教研资金更充分，我将铜川市政府颁发的铜川市劳模的奖励资金也投入到工作室建设中来。我们一起找办公地点，添置办公用品，为大家购图书、添资料，组织外出学习，开展课堂展示。而大家能自己解决的绝不多花工作室的一分钱。有位老师理解地说："工作室的资金一定要花到刀刃上。"

2022年，我有幸参与教育部"双名计划"（2022—2025），进入到一个更高的学习平台。我们工作室带着名师专家和优质资源，到基层去，到农村去，到最需要的地方去。我们开展师德宣讲、课堂问诊、集中培训、名师示范、同课异构、案例评比，促进参训教师在实践中反思、在学习中提升、在创新中发展。让我们成长最快的是系列体验语文教学课例研究。正如王荣生教授所说："阅读教学的重要原则是建立学生与这一篇课文的链接，引导和帮助学生更好地阅读。"我们开展"工作室省级教学能手同课异构"，围绕《背影》这篇经典散文，思考在教师阅读的"此岸"和学生阅读的"彼岸"之间，如何选择恰当的切入点，为学生的阅读铺桥架路。我们展开"体验式文言文课例研讨"，站在教材使用的角度上确定教学目标、选择教学内容，将学生置于现实的阅读情境中，撬动学生的体验学习活动，不断关注文本的反常态化表述，不断生成精彩的学习过程。我们举行"提质增效微型课展示活动"，以微型课为载体，构建体验学习问题链，引导学生在选字选词选句的过程中，学习运用梳理、筛选、比较、推敲等方法，寻找作者隐藏在文字中的复杂情感，体会作者遣词造句的匠心独运，捕捉语言背后闪现的思想灵光。我也将团队对于语文教学的思考集结成册，出版了教学成果集《初中体验语文教学理论与实践》。

2023年7月至8月，我走进新疆喀什巴楚，指导近500名参训教师开展主题研修，提升教育教学的基本素养和能力。2024年7月我随陕西省"组团式"教育人才援藏团赴西藏拉萨、阿里开展送教暨项目调研活动。阿里，让我向往的不仅是高耸云间的冈仁波齐、圣洁美丽的玛旁雍错、古朴神秘的古格王朝、清澈静谧的狮泉河，更让我敬仰的是阿里的每一位教育人在精神力量的滋养下绽放出最美丽的雪莲柔情，彰显着"沧海可填山可移，男儿志气当如斯"的高原豪迈。我把这份敬重化作动力，以名师工作室为基地，精准对接阿里地区教师需求，积极开展"城乡教师学习共同体"系列活动，充实送教资源，完善专题讲座，高质量完成送教任务。作为教学名师，我们有责任和义务参与边疆教育事业的发展，用教师的担当和情怀，在孩子们的心灵中播撒中华民族优秀传统文化的种子，筑牢中华民族共同体意识，培养热爱家乡的建设者。

成长，不是一场与他人的竞赛，而是一场自我修炼与提升的旅程。唯有关注自己的内心世界，才能带着热爱上路，不迷茫，不徘徊，向着目标进发，有期待，有热情，一路追寻最美的风景。

谢海龙：扎根西部，甘做大山里的红烛

名师档案：谢海龙，正高级教师，教育部"双名计划"（2022—2025）入选名师，2024年获贵州省基础教育教学成果二等奖。

坚定信仰，树立崇高理想

心中有信仰，脚下有力量。教育家精神体现在对教育事业的坚定信仰和崇高理想上，这种信仰和理想激励着教师在教育岗位上默默奉献、不懈追求。

1999年8月，我怀揣青春梦想和对知识的渴望，踏入湖南理工学院的校门，主修应用化学专业。同年，国家提出西部大开发战略，这一消息，如同一缕春风吹进了我的心田，也在我心中种下一颗到西部去的种子。

"掌握扎实的专业知识，到西部去，我要让我的青春之花绽放在祖国最需要的地方！"这颗种子在我的心底扎根萌芽、疯狂生长。

2003年，团中央、教育部等四部委联合发出《关于实施大学生志愿服务西部计划的通知》，我毅然决定响应国家号召，报名参加了"大学生志愿服务西部计划"。经过严格的考核，我顺利成为一名光荣的"西部计划"志愿者，踏上了前往贵州省铜仁市石阡县本庄中学的支教之路，支教的两年时间里，我经历了前所未有的挑战和磨砺。

石阡本庄地处西部边陲的少数民族聚居地，那里生活条件十分艰苦，教育资源严重匮乏。但这片充满挑战和希望的土地，没有让我退缩，反而激发我投身教育的强烈愿望。我支教的一个班级，应到人数 55 人，实到却只有 45 人，当地老师告诉我，没来上学的孩子肯定"杀广"了。

"杀广"就是去广州等沿海城市打工挣钱，这是当时石阡本庄地区最流行的一个词，也是导致学生辍学的主要原因。我对自己说："孩子必须上学，一个都不能少。"为了控辍保学，我和本庄中学的老师们决定到学生家里进行家访。

记得那是一个星期五，在摩托车上颠簸两小时后，我们到达其中一个学生家里，两间漏风的草屋，床上盖的是黑黑的没有被套的棉絮被，学生的父亲因意外去世，母亲离家出走，音信全无，学生和奶奶、弟弟三人相依为命，生活极其艰难。

我问他："为什么不去上学？你也要去'杀广'吗？"他说："我想'杀广'，但是我不能去，我还要照顾奶奶和弟弟。"我至今还记得那孩子无助的眼神，正是这样的眼神，让我们一家一家地走、一户一户地看、一个一个地劝。我要让我的孩子们回到学堂，接受教育，然后走出大山。这就是我作为一名"西部计划"志愿者的教育追求和目标。

┃ 深耕教坛，发挥育人智慧 ┃

2005年8月，我的"西部计划"志愿服务期满，随后，我报名参加了贵州省铜仁地区地直单位招考，作为外省籍考生的我，有幸享受了与贵州本地考生相同的待遇。2005年，铜仁以它开放包容的姿态接纳了我，通过考试，我幸运地成为了贵州省铜仁第一中学（以下简称"铜中"）的一员。

在学生眼里，我亦师亦友。我是他们不苟言笑、严肃认真的谢老师，也是请他们到家里包饺子、吃大餐的"老谢"。作为化学老师、班主任，我始终坚持以学生为中心的教学理念，注重培养学生的创新思维和实践能力。

我喜欢研究教材，喜欢创新教学方法，喜欢根据不同学生的特点采取相应的教学策略，我渴望用启智润心的育人智慧，去启发学生思维，挖掘他们的学习潜能。我也时刻关怀学生心灵的成长，希望少数民族地区的孩子、大山里的孩子能早日飞出大山，看看外面的世界。

2011届学生杨宏，在清华大学博士毕业后就职于中核集团。他曾给我发过这样一条短信："敬爱的老谢，是您用知识的光芒照亮了我大山深处的梦想之路。从大山到清华，再到中核集团，每一步都凝聚着您的辛勤栽培与无私奉献。您的教诲如同启明星，不仅教会了我知识，更重塑了我的命运。衷心感谢您！正是因为有您这样的老师，如同蜡烛一样燃烧自己，朗照了像我一样大山孩子们的窗台。祝您桃李满天下！"此刻，我深深感受到教育的具象化，原来红烛微光也可以照亮学生们的世界。

勤学笃行，锤炼求是能力

在同事眼中，我总是行色匆匆，精力充沛，他们戏称我为"风一样的老谢"。

有位同事曾开玩笑说："老谢，你真是无所不能，无论到哪个部门都干得风生水起，你的时间和精力都从哪儿来的呢？"从教师岗位起步，我历任学校教务处副主任、主任，再到政教处主任、教科所主任，直至分管教学的副校长，每一次岗位变动，都为我提供了宝贵的锻炼和成长的机会。

作为从一线教师成长起来的教学管理人员，虽然我已经晋升为分管教学的副校长，但我清楚地知道，课堂是教师的主要阵地，也是学生们获取知识、培养能力和塑造品格的重要场所。

因此，我凭借对教育变革的坚定信念和决心，锐意创新，将学校组织的"推门听课"确立为全体教师的必修课程，这一举措旨在促进教师之间的交流与学习，共同提升教学质量。

自"推门听课"活动启动以来，身为学校管理者，我深知示范引领的重要性，因此主动带头参与听课，涵盖了语文、数学、英语、物理等多个学科，我不断深入课堂，了解教学实际情况，与教师们共同探讨教学方法与策略，从而在校内形成良好的互听互学氛围。同时，通过"推门听课"，促使教师们更加深入地钻研教材，努力营造积极、活跃、和谐的课堂氛围。

此外，我还组织教师们积极参加教学实践活动，如参与试题的研究和命制，并在校内开展命题大赛。这样的活动，不仅提升教师的专业素养和教学能力，还增强了全体教师的试题命制能力，丰富了学校的试题库，为学校的长远发展奠定了坚实的基础。

铜中办公楼外的那棵四季常青的香樟树，见证了学校教育教学的发展，也见证了我的成长。铜中始终秉持"人人发展　人人成才"的办学理念，立德树人，为党育人、为国育才。在这里，每一位走进铜中的学子都在铜中成长、在铜中出彩。铜中的学生们以成为一名"铜中人"为荣，铜仁老百姓以孩子考进铜中为荣。

▎ 立己达人，树立弘道追求 ▎

2020 年 4 月，贵州省高中化学谢海龙名师工作室获批成立；2023 年 12 月，贵州省教育部"双名计划"（2022—2025）谢海龙名师工作室正式成立。工作室以铜中为依托，秉持"打造一个精英团队，研究系列价值课题，产生一批影响精品，形成一个特色模式，带动一批优秀骨干，辐射影响一个区域，引领一批学校发展"的理念，在区域内循"道"优"术"，示范引领，辐射带动。

"做一个有情怀、有追求、有担当、坚持不断向前走的好老师"是工作室对所有学员和成员的殷切期望。我们要求大家用好课堂讲坛和校园阵地，用自己的行动倡导社会主义核心价值观，用自己的学识、阅历、经验点燃学生对真善美的向往，让社会主义核心价值观润物细无声地浸润学生心田，并转化为日常行为，从而引领学生健康成长，不断提高自己作为人民教师的教育情怀。

在此理念推动下，我鼓励团队成员将一线教学中的困惑，转化为教研课题，并积极申报各级各类科研课题。目前工作室团队成员及学员申报市县级课题已完成结题 40 余项，省级课题 3 项。2024 年，由我主持申报的省级课题"基于学习进阶理论的高中化学大概念教学设计与实践研究"已成功立项，该课题聚焦新课标、新教材、新理念，将大概念教学理念应用于普通高中化学教学，并取得了显著成效。在课题研究与实践基础上，我带领团队凝练出"四化五有"（"四化"指知识结构化、结构问题化、问题情境化、情境生活化，"五有"指有理、有趣、有魂、有用、有效）主题式教学主张。

立己达人，这些骨干教师的成长不仅提升了工作室的整体实力，更为区域教育的均衡发展贡献了重要力量。

获得贵州省优质课一等奖两次的青年教师甘礼贵，在和我的交谈中说道："人生之要，非在于所立之位，而在于所向之方。您的名师工作室为我们身处山区的青年教师明确了前行方向，搭建了学习平台。从您身上，我们不仅学到了老一辈教师严谨的工作态度，更学到您面对生活的积极乐观，以及与同事、学生相处时的温情与热爱。正是这份对教育的深沉责任感和担当，激励我们不断加速成长，在专业领域力求突破。"

乡村教育的关键之一在于乡村一线教师。随着脱贫攻坚的胜利和乡村振兴战略的实施，我们的两个工作室先后在国家乡村振兴重点帮扶县松桃苗族自治县第三高级中学设立"乡村振兴工作站"，通过现场指导帮助乡村学校改善教学条件、提升教学质量，为乡村教育振兴贡献力量。

我经常带领团队成员深入基层学校，了解实际情况，针对教学中的困惑和问题提出切实可行的解决方案。我们通过送教下乡、示范课展示、教学研讨等多种形式帮助县域中学提升教学质量，培养优秀教师团队。

尤为值得一提的是，我有幸为松桃第三高级中学的乡村教师吴建康提供专题诊断与实践指导。吴建康多年坚守乡村教育一线，以对教育的执着和满腔的热情深受学生爱戴。然而，在教学方法与课堂管理领域，他面临着不小的挑战。工作站成立后，他积极参与教研活动，主动向老师们汲取教学策略与管理技巧。经过一段时间的认真实践，他的课堂焕发出新的活力，变得生动有趣，学生的参与度与互动性显著提升，教学效果实现了质的飞跃。

如今，吴建康已荣获铜仁市市级骨干教师的殊荣。我记得在荣获市级骨干称号后，他激动地给我打来电话："真心感谢您将工作站设在松桃第三高级中学，为像我这样的乡村教师打开了通往广阔学习世界的大门。我的成功不仅为其他乡村教师树立了榜样，更重要的是能为乡村的孩子们带去宝贵的知识与无限的希望，点燃他们心中追求梦想的璀璨火花。"

工作室成员王丽是县域高中江口中学的化学教师。自2020年起成为工作室的学员后，她的教学能力和教研能力方面都有很大的提升，在2022年，她更是成长为省级骨干教师。

王丽表示，加入工作室如获至宝。"记得初入时，我面对教学瓶颈，迷茫不已。是谢老师以他的'永动机'精神，激励我前行。他亲自指导课堂教学，深夜修改授课课件，那份专业与热情，让我动容。他常说：'独行快，众行远。'于是，工作室成了我们成长的摇篮。我见证了团队力量的伟大，也感受到教育情怀的温暖。如今，我已成长为省级骨干，更渴望成为像谢老师那样照亮他人前行的光。"

工作室不仅搭建平台，让乡村教师有机会在活动中交流展示；还通过示范引领，让乡村教师有机会向优秀的老师学习；同时通过规划指导，让乡村教师重视专业发展。乡村工作站建立以来，工作站教学质量逐年提升，工作站教师在各类比赛中屡获佳绩。

一路走来，一路成长，一路收获，一路感恩。路上的每一步都凝聚着我对教育事业的热爱与执着。我的成长不仅是个人的荣耀，更是铜中教师队伍整体素质提升的一个缩影。我将秉持"言为士则，行为世范"的自觉，致力于提高自身道德修养，通过模范行为来影响和带动学生。我立志成为学生在学习、做事、为人处世方面的导师与榜样，成为学生心中的"大先生"，同时我也将继续躬耕教坛，激励着更多教师投身教育事业，为培养更多优秀人才贡献力量。

二十年春夏秋冬，我甘心扎根祖国的西部，播撒教育火种；二十年雨露风霜，我用心浇灌教育之花，为山区少年护航。我骄傲，我是一名人民教师，我不后悔，踏上贵州这片热土，成为建设贵州的一员。

再有二十载春秋，我将迎来教育生涯的终点。然而，在这漫长的教育征途，我矢志不渝，决心继续在西部这片孕育希望的土地上默默耕耘，奉献自我。我将如同那永不熄灭的红烛，用知识的光芒照亮孩子们的求学之路，用无私的爱心温暖每一颗年轻的心。

岁月悠悠，初心不改。我将以满腔的热情和不懈的努力，继续为贵州的教育事业添砖加瓦、贡献力量。

韦和平：让学生在快乐中成长

名师档案：韦和平，正高级教师，教育部基础教育生物教学指导专委会委员，教育部"双名计划"（2022—2025）入选名师，海南省"南海名家"。主要从事中学生物学实验教学研究。

　　教育是师生的一场缘分，因为遇见了学生，我才拥有这段美好的时光，我的人生才更有价值，才有更多珍贵的回忆。

　　又是一年的中秋、国庆节，我收到很多微信、短信的问候，其中不少是学生的信息。有一位学生这样说道："每念尊师之教导，感激备至，导吾以狭路，示吾以通途。逢此佳节，学生祝韦老师双节快乐！愿您身体健康，万事如意，工作顺利，阖家幸福！桃李满天下，春晖遍四方！"想到这位学生，不禁让我想起指导学生开展生物学课堂实验的趣事，以及带领学生们在课外一起探索大自然的快乐时光。

　　一直以来我的教育教学理念是生物教学要走进生活，在教学中聚焦生物学核心素养，注重实验教学及课外的科学实践探究活动，在课堂教学中形成教师主导、师生互动的"活"

课堂，提高学生的学习兴趣和效果，让学生爱上生物学。学生是一个有发展潜力并富有生命力的人，要培养学生成为一个快乐健康阳光的人，要教会学生掌握知识，培养学生的科学素养与创新能力，使得学生得到全面发展。在主持工作室的活动培养年轻教师时，我往往也是秉持这样的理念。

┃ 培养学生的自信心 ┃

我校是三亚市一所重点中学，高一的学生来自不同区域的学校，学生的学习基础也不一样。有一个女生个子不高，也不爱讲话，但是很爱笑，姑且叫"小笑"吧。在生物实验中往往是要求两人一组实验，在使用显微镜观察植物细胞操作中，我发现小笑不爱动手，基本上就是在旁边看着同学操作，然后不停地翻阅课本，等到我走近她时发现她有点紧张。我问小笑为什么不亲自动手做实验，她笑了笑说同学看到标本之后会叫她一起观察的。课后我留下小笑聊了一会儿，才知道她在初中也做过显微镜的实验，但是当时没有观察到标本，甚至把盖玻片弄碎了。有同学笑她高分低能，她一看到实验操作就会没有信心而且心里紧张，所以通过微笑来掩饰。我就安慰小笑，说就算是科学家也是要做很多次实验才有成果的，同时和她商量之后安排一个课后时间让她来实验室再做一次实验。按照约定的时间，小笑叫她一位同学陪她过来。我给了两台显微镜，每人独立操作，内容就是制作临时装片观察洋葱表皮细胞。在我的细心指导之下，小笑同学突然间兴奋地叫了一声："老师，我看到细胞了。"兴奋之余把显微镜往我走来的方向移动了一下，说道："老师，你看看，是不是细胞？"我马上跟她说显微镜（不带电源）移动之后会看不清楚的，然后和她分析原因。我让她再重新调整，最后经过我的检验确实是看到了标本，但是标本质量不高。我让她按要求又做了一个，结果是标本更加清晰，效果更好。小笑同学还开心地拉着陪同的同学看了她的"成果"。离开实验室时小笑微微地冲我鞠了个躬，说道："谢谢您老师！"我当时看到了小笑同学眼里的光彩，心里也很开心。在后面的实验课中，也看到了小笑同学积极动手操作，不再只是默默地翻阅课本了。

十多年前我在一所农村初级中学当校长，学校只有600多名学生，办学基础薄弱，我想从特色办学去考虑带动校风、学风。我召开了行政会议、生物科组会议，谈了我的办学思想，强调要让学生们有实践活动，在学习中获得成就感，培养学生们的自信心，让学生获得快乐。于是我从生物科组开始着手，对生物科组长陈老师谈建设生物园的规划，同时生物科组老师要做课题研究，班主任老师要配合行动。

刚开始的时候陈老师及科组生物老师们很担心做不下去，说是这么多年都过来了，而且在农村学校里面学生有厌学情绪，更不要谈实践活动课程开设。我说，不试一试怎么知道？在我的安排下，陈老师带领团队老师有计划、有目的地安排学生轮流参观南繁育种基地，带领学生们去基地学习青瓜苗的嫁接技术，让农技师指导学生练习嫁接。然后把嫁接好的青瓜苗带回学校生物园种植。在农村，学生家长基本上都种植农作物，特别是经济作物。问了学生，学生回答平时主要来学校上课，课余时间很少帮助家长打理农作物。在嫁接实践的时候，大家都很开心，回家还给家长"上课"。经过一段时间的种植，黄瓜植株不断长高开花结果，学生课后天天往生物园跑，成就感满满，信心十足。

接着我积极联系三亚市科协，从科协获得太空种子。科组老师们又带领全校学生们体验种植的乐趣，要求每个学生种植时学习写观察报告。学校开展的这些活动也得到家长和社会的赞扬。记得一次有两名学生在学校的生物园开展探究活动，回家晚了一些，家长在了解情况之后表示大力支持学校的工作。

借助生物园平台，学生们和老师们的交流越来越多，可以经常听到学生们在生物园的欢歌笑语，孩子们的大学梦一步一步地被激励，考入高中的拼搏精神不断体现出来，学风有了很大的改善。后来学校还获得了海南省太空种子种植活动种植示范单位。

┃ 培养学生的探究能力 ┃

记得在十多年前，有一次在课堂教学当中讲到了生物生态系统，现场就有一个男生提出建议：老师，能不能带我们去野外做见习活动？利用当地的特色资源培养学生的学习兴趣也是我关注的一个课题，那么我就先带领学生看看自己的生活环境。我通过朋友联系了三亚市国家级珊瑚礁保护中心管理人员，带领学生参观珊瑚礁标本馆，乘坐半潜艇观看海洋生物及珊瑚礁，向学生讲授海洋生态系统知识，宣传海洋环境保护的必要性，讲授海洋领土的重要性。学生当时很震撼，不少学生说生活在三亚这个地方都不知道珊瑚是什么，也不知道保护海洋环境的重要性。

返回学校之后，有个留着马尾辫叫"小张"的女生自己到办公室找我，说是很喜欢珊瑚，但是看到媒体报道珊瑚白化死亡的现象，问能否带她去探究一下。我当时犹豫了一下，因为我在珊瑚方面没有研究，特别是下潜到水里有安全隐患。但是我看到了小张眼里的期待，不忍心一下子拒绝，我说我考虑一下。在行动之前征得了家长的同意，我又联系了朋友，朋友热心地帮我联系了保护中心的潜水员，免费提供潜水设备和捕抓以珊瑚为食的长棘海星的工具。在一个周末，我们一起去了亚龙湾海域的旅游点，潜水员陪同保护我们下潜近距离观察记录珊瑚（特殊记录本），同时还协助捕抓长棘海星。在下潜研究过程中，潜水员还帮助我们用水下相机拍照。尽管上岸之后小张小脸有点发紫，讲话有点哆嗦，但是她非常开心，并在笔记本上记录数据，还用塑料桶把抓到的长棘海星带回家中进一步观察。海水的水质则由我带到检验部门帮忙测定，然后再给小张学习分析。在我的指导下，小张自己写出了科技小论文，并参加当年的省级青少年科技创新大赛，获得一等奖。有一天小张的爸爸打电话给我，说是非常感谢我。因为小张在学习上开始积极了，各科成绩也有所进步，特别是小张以前不爱跟父母交流，也不怎么爱跟同学讲话，现在改变了很多。小张还对他爸爸说喜欢参加这样的科学探究实践活动，既学到知识，又得到能力的锻炼，还得到家人的支持和老师、同学的认可。

在带领学生开展生物学科学探究中，还有令我印象很深的例子。记得是在 2018 年，我得知有高校的师生前往三亚西岛（三亚市的一个小岛）开展潮间带实习活动，于是我联系了高校的老师带领高中生物兴趣小组的学生跟随大学生们一起联合活动。学生们在潮间带看到各种各样的生物。在我的鼓励下，学生们积极向高校老师提问并获解答。在大学生的帮忙下，学生们采集了一些标本，认识了不少生物品种。其中两位男生小王、小陈对在潮间带发现的海蛇尾非常感兴趣。我跟两位学生商量之后让他们去观察这种生物的形态结构和行为特性，没想到这两个学生很认真投入，他们详细记录了海蛇尾的运动情况。返回市内之后，他们提出要我再带他们前往西岛进一步做海蛇尾的探究。我们一行三人带着显微镜和相关设备在西岛上度过了一晚。两位学生不畏辛苦，除了白天现场观察探究之外，晚上还去现场探究，在民宿房间里还研究带回来的海蛇尾活体标本。他们一边讨论一边设计各种实验，分析实验现象。在合作探究过程中，学生们有欢喜、有疑惑、有失败、有成功，但是我从他们的眼睛里看到更多的是一种成就感。这两位学生的科技小论文也获得了当年的省级科技创新大赛一等奖。小王的姑姑也在学校当老师，她对我说家长感谢我带小孩做这些有意义的事情，小孩在家里也曾经要求家长带他们出去探究大自然，但是因种种原因没有得到落实。在老师的带领下实现小孩的梦想，这种方式比家长带领效果要好得多。小孩学习自觉多了，学习兴趣和成绩也有所提高。

培养学生的好奇心

小符同学是一位黎族女生，平时讲话声音小，也不爱参加体育运动，性格有点内向。三年前我组织班级学生前往海南省陵水县吊罗山国家森林公园做科学实践活动，她也报名参加了。她说这个活动很想参加，因为一直以来父母也没有带她出去游玩过，父母也同意了。在学生小组科学实践探究过程中，小符同学突然发现了在公路护栏上的壁虎，她很好奇，问了同行的高校专家，专家告诉大家这是海南壁虎，它跟家里的壁虎不同，是一个特有品种。小符同学好奇地问："海南壁虎的窝在哪里呢？"我说它出现在护栏上，离它的窝肯定不会太远。然后我启发她观察护栏接缝处的空间，她突然发现了海南壁虎的白色卵蛋，兴奋地叫同学们来观看。我采样取出一些卵，让同学们观察，大家发现其实很多卵是坏掉的。我又启发同学们观察周围的环境，小符同学积极发言说壁虎的生存太难了，周围都是枯枝烂叶，温度又高，还有吃它的天敌（例如蛇）。在一起步行继续探究的时候，她情绪上有一点触动，她对我说在家里父母对她很好，家庭条件不错，在学校里面老师同学们也很热情，平时她遇到一些困难就有畏难情绪，解决困难的信心很小，得过且过。我说，虽然这是生物的自然选择现象，但是我们可以看出海南壁虎对大自然不服输的"精神"，你感悟到什么吗？她说向海南壁虎"学习"，在以后的学习生活中一定要有不服输、克服困难的精神。

　　小符同学又好奇地问："如何区分海南壁虎的性别呢？"我捕抓几只海南壁虎让学生观察雌雄。我把一只壁虎的腹面展示给大家看，小符同学的眼睛很尖锐，一下子就发现这只壁虎的腹部有两枚卵，兴奋地判断这是雌性。小符同学说生命太伟大了，还主动让我把这只雌性壁虎放生了，不要拿回去学校做标本。我把壁虎放了，发现小符同学很开心。小符同学带着好奇心在沿途 100 米的距离内不断去观察查找海南壁虎的窝，统计窝里面卵的数量，还写了有关海南壁虎的科技小论文参加比赛并获奖。回到学校之后，小符同学的话也多了，课堂上积极回答老师的提问，课余时间主动帮助同学和老师做一些事情。看得出来小符同学的人生观有了一个积极的变化，在学习和生活上有了一定的效果。上了大学之后，她在跟我聊天时表示，要加入社团丰富生活，锻炼自己。

┃　培养学生了解生活中的现象　┃

　　生活中学生经常会看到及接触到不同的植物，看到植物开花结果现象。记得有一次我观摩一位年轻的吴老师给学生讲授《开花和结果》，吴老师主要是给学生观看 PPT，让学生去观察桃花的结构，了解花的结构特点。但是整堂课下来，学生的学习积极性不是太高，我课后也问了学生，学生说PPT上的内容跟课本上的一样，学习之后又忘记了。我和吴老师交谈了一下，给出了建议：（1）桃树在北方种植，海南没有这个品种，学生生活中没有见过，上课时可以介绍海南的植物品种。（2）学生家庭所在地会有开花的植物，让学生采集不同的花带到课堂上来一起辨认学习。（3）创造学习情境，动手探究，然后讨论，提高学生的科学思维能力，取得更好的学习效果。吴老师听了建议之后，在另一个班的授课中尝试PPT结合现场探究各种花的结构来教学，让学生来发现他的杰作，指出花的结构。她发现学生不仅更好地认识花的各部分结构，还能够说出不同植物的名称，学生很兴奋，课堂效果不错。在下课之后，还有学生特有兴趣地提出一些更深层次的问题，例如花的授粉等。我跟吴老师说，在条件允许的前提下教学一定要走进生活，让学生去真实地看一看、摸一摸、嗅一嗅，学生必然会忘不了，学习效果定会不一样。

学生会对生活环境中出现的一些现象感兴趣。在前年，有三名高一的女生（小周、小吴、小谭）叫我带她们到庄稼地里做探究。她们家乡距离学校约有七八公里，是一个黎族村。起因是小周有一次在地里看到有不少的农作物的叶片上有类似画地图的条纹，查询资料之后得知危害作物的害虫往往是斑潜蝇，当地人又叫"地图虫"。她们想调查斑潜蝇的危害情况以及培养叶片中的虫卵，观察害虫的发育变化。我安排她们分工合作，小周做组长负责活动的全面工作，小吴观察记录，小谭查找相关资料写报告等。在家长的配合下，我们师生调查了多种不同农作物的害虫危害情况，也和农民做了深入的交流。如何进一步观察叶片虫道呢？我带领学生利用高校的实体显微镜来进一步观察。在培养叶片虫卵时，三名学生不断地讨论实验装置设计，最后在我的指导下确定了下来。在后期的培养中，学生们很期待，最终看到了孵化出来的毛毛虫，但是经过图片对比发现并不是斑潜蝇。询问了专家，说是原因很多，其中季节性是一个重要原因，有些害虫成虫也会在叶片上产卵。通过这次的探究活动，学生体会到了实践活动中科学探究的辛苦，但是大家都很快乐，收获满满，觉得这种付出很值得。另外学生也深深地感触到原来做农民真的是不容易，农作物的收成不是想象中那么容易。

自大学毕业参加工作以来已经有 28 年，自己在不同的工作岗位上也积累了一定的教学经验。在新课程背景下，结合自己的学科特点，我一直都在探索怎么在教学中让学生有收获，让学生快乐，帮助学生健康成长。